Münsterschwarzacher Kleinschriften

herausgegeben
von den Mönchen der Abtei Münsterschwarzach

Band 161

Anselm Grün

Alles ist mir Himmel

Leben und Botschaft der seligen Blandine Merten

Vier-Türme-Verlag

1. Auflage 2007

Lektorat: Christian Schrödl
Umschlaggestaltung: Morian & Bayer-Eynck, Coesfeld, unter Verwendung eines Motivs von Dirk Nothoff (Ausschnitt aus Fensterbild der Grabkapelle von Blandine Merten)
Gesamtherstellung: Vier-Türme GmbH – Benedict Press, Münsterschwarzach
ISBN 978-3-87868-258-5
ISSN 0171-6360
www.vier-tuerme-verlag.de

Inhalt

Biographische Daten

10. Juli 1883	Geburt in Düppenweiler an der Saar als Maria Magdalena Merten
12. Juli 1883	Taufe in der Pfarrkirche von Düppenweiler
1889 – 1897	Besuch der Volksschule Düppenweiler
April 1896	Erstkommunion und Firmung in der Pfarrkirche von Düppenweiler
1897 – 1899	private Vorbereitung auf die Lehrerinnenbildungsanstalt
1899 – 1902	Besuch der Lehrerinnenanstalt Marienau bei Vallendar
1902 – 1908	Tätigkeit als Lehrerin in Oberthal bei St. Wendel, Morscheid im Hunsrück und Großrosseln an der Saar
April 1908	Eintritt in die Kongregation der Ursulinen vom Calvarienberg bei Ahrweiler und Beginn des Noviziats

Nov. 1910	Ablegen der zeitlichen Profess und Versetzung nach Saarbrücken
Juni 1911	Versetzung nach Trier
Nov. 1913	Ablegen der ewigen Profess
Sept. 1916	Beginn der Tuberkulosekrankheit
18. Mai 1918	Tod in Trier
21. Mai 1918	Beerdigung auf dem Friedhof von St. Paulin in Trier
1. Nov. 1987	Seligsprechung durch Papst Johannes Paul II.
Mai 1990	Einweihung der Grabkapelle von Blandine Merten in Trier

Einleitung: Heilende und heilige Spuren

Eine Frau, die vor hundert Jahren gelebt hat, zieht heute noch unzählige Menschen an. Sie kommen zu ihrem Grab. Sie vertrauen ihr ihre Nöte und Anliegen an. Sie schreiben den Schwestern, die das Andenken dieser Frau wach halten, von ihrer Angst, von ihrer Arbeitslosigkeit, von ihrer Einsamkeit und hoffen im Vertrauen auf die Fürsprache dieser Frau auf Heilung, Stärkung, Trost und Hilfe. Sie schreiben von ihrer Angst um die Kinder, die so ganz andere Wege gehen oder die gerade in einer tiefen Krise stecken.

Wer war diese Frau? Sie hat von 1883 bis 1918 gelebt, in einer Zeit, die uns heute fern ist. Und dennoch hat sie in ihrem kurzen Leben Spuren hinterlassen, die heute noch weiter wirken. Es war Schwester Blandine Merten, eine begnadete Lehrerin, die mit 25 Jahren in die Kongregation der Ursulinen vom Calvarienberg bei Ahrweiler eintrat und mit 35 Jahren an Tuberkulose starb. Die Kirche würdigte ihre heilenden und heiligen Spuren, indem sie die Ordensfrau 1987 selig sprach.

Mich beeindruckt es, dass eine einfache Frau nach hundert Jahren heute noch eine solche

Faszination auf die Menschen ausübt. Nicht nur aus dem Saarland, ihrer Heimat, sondern aus ganz Deutschland und den Nachbarländern kommen Menschen zu ihrem Grab in Trier und nach Ahrweiler. Dort war sie ins Kloster eingetreten und dort meditierten die Menschen schon seit Jahrhunderten die Passion Jesu Christi, um in ihrem Licht das eigene Leiden zu bewältigen. Blandine Merten zieht vor allem die Mühseligen und Beladenen an. Sie vertrauen ihr ihre Nöte an. Aber sie zieht auch junge Menschen an. Schülerinnen, die ihr Grab besuchen und sich über ihr Leben informieren, sind fasziniert von ihrer Ausstrahlung. Lehrer entdecken neu das Geheimnis dieser begnadeten Lehrerin. Gerade in einer Zeit, in der um die rechte Pädagogik gestritten wird wie kaum zuvor, suchen sie bei ihr nach Orientierung für ihre Aufgabe als Lehrer heute.

Ich kenne Blandine Merten nur aus den Betrachtungen, die sie hinterließ, aus der Lebensbeschreibung, die eine Mitschwester 1934 verfasste, sowie aus Erzählungen von Schwestern, die in ihrer Kongregation heute Dienst an jungen Menschen tun. Ich habe versucht, mich in diese Frau hinein zu spüren und ihre Botschaft für uns heute zu entdecken. Mein Vorgehen ist subjektiv. Aber ich hoffe, dass die Wirkung, die die selige Blandine auf mich hat, durch dieses Buch auch die Leserinnen und Leser erfasst und in ihnen Spuren der Liebe, der Hoffnung und der Zuversicht eingräbt.

I. Das Leben der seligen Blandine Merten

1. Kindheit

Schwester Blandine Merten stammt aus dem Saarland und hat ihr Leben lang ihre Herkunft nie verleugnet. Im Gegenteil: ihre Heimat war der Nährboden, auf dem sie aufgewachsen ist und dem sie ihr Leben lang voll Dankbarkeit verbunden war. Ihre Eltern hatten einen Bauernhof in Düppenweiler. Der Vater Johann Merten hatte 1860 auf dem Schlossberg im sogenannten Oberdorf von Düppenweiler ein geräumiges Bauernhaus gebaut. Es waren also nicht ärmliche Verhältnisse, in die Maria hineingeboren wurde. Ihr Vater war wie seine Vorfahren Landwirt. Er wird als kernig, gediegen und fromm beschrieben. Er hatte offensichtlich eine gute Hand, seinen Hof zu führen. Das erlaubte ihm, freigiebig auch an andere zu denken und mit anderen die Früchte seiner Arbeit zu teilen.

Die Mutter Katharina war eine geborene Winter. Auch sie entstammte einer Bauernfamilie, die in Fraulautern bei Saarlouis allgemein geachtet war. Ihre Mutter wird als gütig und klug beschrieben. Sie hielt ihren Haushalt in Ordnung und ihr

Haus stand immer auch bedrängten Menschen offen. Man kam zu ihr und sie half mit Rat und Tat. Sie war also eine starke Frau. Ihr traute man zu, dass sie anderen Mut machte und ihre Nöte verstand.

Maria wurde als neuntes von zehn Kindern am 10. Juli 1883 geboren. Zwei Tage später empfing sie die Taufe und erhielt den Namen Maria Magdalena. Maria von Magdala, die Namenspatronin, war nach dem Johannesevangelium die erste Verkünderin der Auferstehung Jesu (vgl. Joh 20,18). Anfangs war sie selbst von Dämonen geplagt, war also in sich selbst zerrissen und hatte ihre Mitte verloren. Von Jesus wurde sie geheilt, sie hat ihn daher in besonderer Weise geliebt. Maria Magdalena Merten wurde ihrem Namen gerecht. Sie verkündete mit ihrer ganzen Existenz Jesus Christus und sie war von seiner Liebe so fasziniert, dass sie diese Liebe in ihrem Wesen ausstrahlte.

Später wurde nach Maria Magdalena noch ein Bruder geboren. Doch er starb nach wenigen Tagen. So blieb Maria das jüngste Kind der Familie. Nicht nur von ihren Eltern, auch von ihren älteren Geschwistern empfing sie viel Liebe. In dieser Atmosphäre der Geborgenheit wuchs Maria auf. Sie war der Sonnenschein der Familie. Ihre Geschwister hatten immer den Eindruck, dass sie etwas ganz Besonderes war. Mag hinter solchen Aussagen auch die Tendenz zur Verklärung liegen, so hatte Maria offensichtlich doch eine außergewöhnliche Ausstrahlung. Die Geschwister und früheren Freundinnen sprechen immer wieder von Maria als einem Engel. Denn sie hatte etwas Klares und Lauteres an sich, in ihr leuchtete etwas Ursprüngliches und Echtes auf. Sie brachte Licht, wohin sie auch kam. Doch es war nicht ihr Verdienst, sie war ein Geschenk Gottes. Maria war empfänglich für die Liebe ihrer Eltern und Geschwister. Aber sie war von klein an auch offen für das Religiöse. Sie hatte ein Gespür für das Heilige. Ihre ältere Schwester Elise berichtet von ihr: »Schon früh nahm die Mutter das Kind mit zur Kirche. An einem Sonntag ging Maria mit mir. In Düppenweiler stand damals nur eine für die rasch angewachsene Pfarrei zu kleine Kirche, und die Schulkinder knieten dichtgedrängt am Boden in der Nähe des Altares. Das drei- bis vierjährige Kind hatte seinen Platz gerade vor der Lehrerin erhalten. Diese bemerkte voll Staunen die andächtige Haltung des Kindes. Ganz besonders fiel ihr auf, wie die Kleine bei der heiligen Wandlung die Händchen faltete, den Blick auf die heiligen Hostie richtete und dann ganz langsam an die Brust schlug. Die Lehrerin hatte den Eindruck, als sei dem Kind die Gegenwart Gottes auf dem Altar bewusst geworden. Wiederholt sprach sie später davon.«[1]

Vermutlich erklärte ihre Mutter ihr das Geheimnis der Eucharistie so, wie sie selbst es verstanden hatte. Das machte wohl Eindruck bei dem Kind. So fühlte es sich in der heiligen Messe im Innersten berührt. In der damaligen Frömmigkeit verstand man die Eucharistie weniger als Mahl, vielmehr stand die Anbetung im Vordergrund.

Die Menschen waren von der Gegenwart Jesu Christi in der Hostie fasziniert: Gott selbst steigt in der Wandlung zu uns herab und wird für uns sichtbar und anschaubar. Das verstand auch die kleine Maria und reagierte auf ihre sehr persönliche Weise darauf.

Doch Maria war nicht nur fromm. Sie machte auch die Kinderstreiche mit, die im Dorf üblich waren. So drang sie mit den Dorfkindern in den Garten einer armen Frau ein, um ihren Pflaumenbaum zu plündern. Ihre Mutter hatte davon erfahren und machte ihr Vorwürfe: »Wir haben den ganzen Garten voll Obst, und diese arme Frau hat nur den einen Baum. Sofort gehst du hin und bittest die Frau um Verzeihung.«[2] Maria musste einen Korb voll Obst pflücken, ihn der armen Frau bringen und sie um Verzeihung bitten. Diese Erziehungsmaßnahme vergaß das kleine Kind offensichtlich nie mehr. Später entwickelte Maria selbst ein Gespür für die Armen. Aus Dankbarkeit für den eigenen bescheidenen Wohlstand, den sie genießen durfte, teilte sie ihre Sachen immer mit den anderen Menschen.

Von 1889 bis 1897 ging Maria in die Volksschule in Düppenweiler. Die Schule machte ihr so große Freude, dass sie nach dem Schulabschluss selbst Lehrerin werden wollte. Als Schülerin lernte sie leicht und gerne. Maria war immer ein freundliches Kind. Ein Nachbarsjunge erzählt: »Wie oft sagte meine Mutter: Wenn einen dies nette, fromme Kind so freundlich lächelnd grüßt, glaubt man, einem Engel zu begegnen.

Maria Magdalena Merten als Schülerin
in Düppenweiler (1889–1897)

Ich möchte noch erleben, was aus dem Kinde wird.«[3] Das Kind strahlte eine besondere Freundlichkeit und Heiterkeit, Klarheit und Lauterkeit aus. Wir sagen heute manchmal auch, dass ein anderer Mensch zum Engel wird, wenn er im richtigen Augenblick auftaucht, um uns zu helfen und zu stützen. Doch es gibt noch andere Menschen, von denen wir sagen, sie seien Engel. Sie haben etwas Klares und Durchsichtiges an sich. In der Apostelgeschichte wird Stephanus als so ein Engel beschrieben: »Als alle, die im Hohen Rat saßen, auf ihn blickten, erschien ihnen sein Gesicht wie das Gesicht eines Engels.« (Apg 6,15) So etwas hatte auch Maria an sich. Ihr Gesicht war durchsichtig wie das Gesicht eines Engels. Es war ihr Wesen, für das sie dankbar war. So spürten die Mitschüler und Lehrer offensichtlich, dass Maria ein Segen und ein Geschenk Gottes für sie war.

1896 ging Maria im Alter von 13 Jahren zur Erstkommunion. Pfarrer Bernhard Porten, der die Kinder auf die Erstkommunion vorbereitete, sagte von Maria: »Sie war ein Engel.«[4] Die Menschen griffen immer wieder zum Bild des Engels, um das kleine Mädchen Maria angemessen zu beschreiben. Bei aller Verklärung, die wir in solchen Aussagen vermuten dürfen, muss von diesem Kind etwas ausgegangen sein, was die Menschen berührt hat. Maria hat eine Spur eingegraben in diese Welt, die die Menschen nicht vergessen haben. Auch Weihbischof Ernst Schrod, der sie nur neun Tage nach der Erstkommunion firmte, war beeindruckt von ihr. Er erzählte, dass sie die Einzige war, die bei allen Fragen den Finger erhob und die richtige Antwort wusste. Maria verbarg ihr Wissen also nicht. Denn sie hatte ein gesundes Selbstvertrauen und wollte das, was sie wusste, auch sagen.

Maria war nicht nur gut in der Schule. Sie hatte auch eine schöne und klangvolle Stimme. So musste sie oft vorsingen oder anstimmen. Besonders gefördert wurde Maria durch ihre Lehrerin Barbara Genter und ihren Pfarrer Bernhard Porten. Barbara Genter machte mit der Art, wie sie mit den Kindern umging, auf Maria Eindruck, so dass sie selbst gerne Lehrerin werden wollte. Als Maria einmal für die Lehrerin eine Besorgung machen musste, bekam sie von ihr das Buch »Die Nachfolge Christi« von Thomas von Kempen (1380–1471), das ja eigentlich keine Lektüre für ein Kind ist. Auf uns heute wirkt dieses Buch eher herb, denn es vertritt eine herausfordernde Askese. Doch für Maria war dieses Buch faszinierend. Sie hat es verschlungen und später fast auswendig gewusst. Barbara Genter hatte ein Gespür für das, was Maria berührte und auf den Weg brachte. Von Pfarrer Porten wird gerühmt, dass er ein seltenes Lehrgeschick hatte und ein sehr guter Seelsorger war. Er brachte Maria nicht nur den Glauben nahe. Er war es auch, der den Eltern riet, ihre Tochter studieren zu lassen. Damals war es ja nicht üblich, dass Bauernkinder studierten. Maria fiel mit ihren guten Noten und ihrer Liebe zu den Büchern Pfarrer Porten auf. Er förderte sie, so dass sie ins Lehrerseminar eintreten konnte. Die Ausbildung in der Volksschule alleine genügte nämlich nicht, um das Seminar besuchen zu können. So wurde sie nach ihrem Abschluss zwei Jahre lang zu Hause privat unterrichtet und auf den Eintritt ins Seminar vorbereitet. Barbara Genter und ein weiterer Lehrer übernahmen die Vorbereitung für die Aufnahme in das Seminar.

2. *Ausbildung*

Von April 1899 bis September 1902 besuchte Maria Merten das private Lehrerinnenseminar Marienau bei Vallendar. Die Zeugnisse ihrer Mitschüler zeigen, dass Maria sich oft zum Gebet zurückzog. Ausdrücke wie »Sie war eine Heilige« oder »Sie war ein Engel« tauchen immer wieder auf. Offensichtlich hinterließ Maria einen starken Eindruck bei ihren Mitstudentinnen. Doch nicht alle akzeptierten sie in ihrer Art. Manche machten sich auch über ihr frommes Wesen lustig. Als ihr einige Mitschülerinnen sagten, ihre Frömmigkeit sei übertrieben, schwieg sie. Aber eine Freundin konnte die Tränen in ihren Augen sehen. Eine andere Mitschülerin meinte sogar, wegen ihrer Bescheidenheit und Stille würde sie sich nicht als Lehrerin eignen. Es war für Maria nicht leicht, zu sich und ihrer Frömmigkeit zu stehen.

Andere Mitschülerinnen waren von ihrem ausgeglichenen und klaren Wesen angetan. So berichtete eine: »In ihrem ganzen Wesen war nicht das geringste, das nicht klar und gerade gewesen wäre.«[5] Die Klarheit und Durchsichtigkeit kennzeichnete ihr Wesen. Mit einer Freundin sprach sie über das innere Leben, über ihre Spiritualität. Dabei kamen sie vor allem auf das Thema der Seelenreinheit zu sprechen. Sie waren so im Gespräch vertieft, dass sie gar nicht merkten, wie die Nacht dabei vergangen war. Es ist schon eigenartig, dass zwei achtzehnjährige Mädchen sich über die Seelenreinheit unterhalten. Offensichtlich war die

Klarheit und Lauterkeit aber ein wichtiges Thema für Maria. Auch die frühen Mönche sprachen von der Reinheit des Herzens. Es geht dabei um eine Haltung der inneren Lauterkeit und klaren Liebe, die durch keine egoistischen Nebenabsichten getrübt ist. Jesus selbst preist diejenigen selig, die ein reines Herz haben. Sie werden schließlich Gott schauen (vgl. Mt 5,8). Die innere Klarheit der Seele ist die Bedingung, Gott zu schauen. Wenn unsere Seele von den vielen Gefühlen getrübt ist, die wir von unserer Umgebung aufnehmen, sehen wir auch Gott nicht klar. Wir sehen nur unsere eigenen Projektionen, die wir auf Gott richten. Die Sehnsucht nach Klarheit und Seelenreinheit ist auch heute bei jungen Menschen groß. Sie erkennen sehr schnell, ob Lehrer oder Menschen, die in der Öffentlichkeit stehen, innerlich klar sind oder ob sie ihrer Umgebung nur etwas vormachen.

Die Zeit im Lehrerinnenseminar war für Maria keine ungetrübte Zeit. Im Dezember 1899 starb ihr Vater, im April 1902 ihre Mutter. Maria hatte die Osterferien 1902 noch daheim verbracht. Nach den Aussagen ihrer Geschwister fiel ihr der Abschied in das Lehrerinnenseminar diesmal schwerer als sonst. Vermutlich ahnte sie den nahen Tod ihrer Mutter voraus. Kurz nach ihrer Rückkehr ins Seminar träumte Maria, dass ihre Mutter im Sterben lag. »Sie sah das Zimmer, die Geschwister und eine Nachbarin. Sie hörte, was sie miteinander sprachen und auch, was die sterbende Mutter sagte.«[6] Solche Träume kommen häufiger vor, als wir denken. Es gibt im Traum eine innere

Verbindung zu den Menschen, die wir uns nicht genau erklären können. Der Psychologe C. G. Jung (1875–1961) spricht von der »einen Welt«, an der wir im Traum teilhaben. Am nächsten Morgen reichte ihr die Seminarleiterin ein Telegramm. Maria wusste sofort, dass ihr darin der Tod der Mutter mitgeteilt wurde. Sie fuhr also nach Hause und im Gespräch mit ihren Geschwistern erfuhr sie, dass das Sterben der Mutter bis in alle Einzelheiten hinein genauso geschehen war, wie sie es im Traum gesehen hatte.

Nach der Beerdigung kehrte Maria nach Marienau zurück. Doch schon kurz danach wurde sie so schwer krank, dass einige schon ihren Tod befürchteten. Es war offensichtlich eine Krankheit mit einer seelischen Ursache. Der Schmerz über den Tod der Mutter war so groß, dass ihr Körper darauf reagierte. Vielleicht wollte sie die Trauer durch ihren spirituellen Weg überspringen. Doch ihr Leib zeigte ihr, wie tief die Trauer ihre Seele in Beschlag nahm. Die Krankheit zwang sie daher, sich der Trauer zu stellen und so auch innerlich Abschied zu nehmen von den Eltern und letztlich von ihrer Kindheit. Als sich ihr Zustand besserte, reiste Maria wieder in ihre Heimat und blieb dort einige Wochen. In langen Spaziergängen verarbeitete sie die Trauer um den Tod der Mutter. Der Abschied von ihrer Mutter und von ihrem Vater zwang sie, sich über ihr eigenes Leben und ihre Identität Gedanken zu machen: Wer bin ich selbst? Wenn mir die Stütze von Vater und Mutter fehlt, woran halte ich mich? In der Trauer kam

Maria mit sich selbst in Berührung. Man könnte sagen, die Trauer war der Beginn ihres Erwachsenseins, ihre Einweihung in das Geheimnis des Lebens. Nach Marienau fuhr sie als erwachsene Frau zurück, als eine Frau, die nun konsequent ihren eigenen Weg weiterging.

Manche hatten Angst, durch die lange Unterbrechung wegen der Krankheit könne Maria die Prüfungen nicht bestehen. Im Seminar dachte man daran, den Prüfungstermin für sie zu verschieben. Doch Maria machte mit den anderen Studentinnen die Prüfung und bestand mit »gut«. Im September 1902 beendete Maria ihr Studium in Marienau. Dann ging sie zurück nach Düppenweiler und blieb dort bis Ende November 1902. Dort spürte sie jedoch, dass ihr die Heimat fremd geworden war, weil die Mutter fehlte. Und durch den Reifungsprozess in ihrer Trauer war sie eine andere geworden. Sie war nicht mehr das Kind, das sich im Elternhaus daheim fühlte. Die Heimat blieb ihr zwar ein Leben lang wichtig, aber sie hatte sich gewandelt. Sie war dankbar für das, was sie von ihren Eltern und Geschwistern erfahren hatte. Jetzt musste sie ihr eigenes Leben leben. So freute sie sich auch, dass ihr eine Vertretungsstelle in Oberthal bei St. Wendel angeboten wurde, wo sie bis zum Jahresende arbeitete. Anschließend bekam sie die Lehrerinnenstelle in Morscheid im Kreis Bernkastel im Hunsrück.

3. *Lehrerin auf dem Hunsrück*

Morscheid war ein kleines Dorf mit etwa 300 Einwohnern, meist Holzhauer, Steinbrecher oder kleine Bauern, die auf den unfruchtbaren Böden des Hunsrücks ihren Lebensunterhalt erarbeiteten. Maria richtete sich im Schulhaus eine Dachwohnung ein. Ihre Schwester Elise zog mit ihr nach Morscheid und führte ihr den Haushalt. Maria hatte einen klaren Tagesablauf. Um 5.30 Uhr stand sie auf und begann den Tag mit einer halbstündigen Betrachtungszeit. Als Buch nahm sie dazu die »Nachfolge Christi« des Thomas von Kempen, das ihr ihre Lehrerin, Barbara Genter, geschenkt hatte. Nach dem Frühstück begann sie mit dem Unterricht. Nachmittags kniete sie sich eine halbe Stunde in die Dorfkirche und war dort still in der Anbetung versunken. Abends las sie wieder in der »Nachfolge Christi« und beschloss den Tag mit dem Salve Regina oder einem anderen religiösen Lied. Der Tagesablauf war also fast so, wie ihn zahlreiche Orden für ihre Schwestern und Brüder vorsahen. Das religiöse Leben, das Maria von ihren Eltern gelernt hatte, war ihr zu einem inneren Bedürfnis geworden. Sie gestaltete nun selbst ihr Leben. Sie lebte nicht in den Tag hinein, sondern formte ihn so, dass er ihrem Wesen entsprach. Sie lebte aus der Quelle ihrer Spiritualität und schöpfte daraus die Kraft für ihre Arbeit.

Maria widmete sich mit Erstlingseifer ihrer Aufgabe als Lehrerin. Obwohl manche Mitschüler der stillen Maria kaum zugetraut hatten, eine gute Lehrerin zu sein, erwies sie sich schon in ihrer ersten Stelle in Morscheid als begnadete Lehrerin. Was war das Geheimnis ihrer Pädagogik? Eine Schülerin von ihr, die später selbst Lehrerin wurde, sagt von ihr: »Ihre Autorität in meiner Altersklasse war außergewöhnlich, also nehme ich auch an, dass es in den jüngeren Klassen erst recht so war. So wie ich rückblickend als erfahrene Lehrerin den Grund zu diesem erfolgreichen Wirken erkennen kann, lag es nur an ihrer gleich bleibenden Selbstbeherrschung und Güte. Mit dem Leuchten ihrer Augen hielt sie die Kinder in Bann.«[7] Aus dieser Beschreibung können wir schließen, dass es vor allem drei Dinge waren, die Maria Merten zu einer guten Lehrerin befähigten. Das eine war ihre natürliche Autorität. Sie stellte etwas dar und ruhte in sich. Nicht durch Disziplinarmaßnahmen, sondern durch ihre Klarheit und Eindeutigkeit verschaffte sie sich Autorität. Zum anderen beschreibt die Schülerin Maria als eine selbstbeherrschte und gütige Frau. Maria ließ sich nicht leicht provozieren, sondern ruhte in sich. Ihre Selbstbeherrschung erzeugte keine Kälte, vielmehr war sie von Güte geprägt. So konnte Maria die Herzen der Kinder öffnen. Die Schüler hingen an ihrer Lehrerin. Außerdem verschaffte Maria sich mit dem Leuchten ihrer Augen Autorität. Es waren keine strengen, keine beurteilenden oder bewertenden Augen, die alles kontrollieren wollen, sondern leuchtende Augen. Sie ließen auf eine Frau schließen, die in sich klar war, ohne Nebenabsichten und ganz auf das konzentriert, was

Die junge Lehrerin Maria Merten in Morscheid (1902–1907)

sie gerade tat. Das Leuchten der Augen verweist auf ein inneres Leuchten. Es gibt Menschen, die mit ihren dunklen Augen den Menschen Angst einflößen. Leuchtende Augen dagegen bringen Licht in die Herzen der Kinder, sie schaffen Vertrauen und faszinieren, von ihnen geht Kraft und Feuer aus. Da kann ein Funke auf die Kinder überspringen.

Ein Grund für ihre natürliche Autorität war auch, dass die Kinder ihre Lehrerin liebten und ihr vertrauten. Eine frühere Schülerin sagt von ihrer Lehrerin: »Wenn eine andere Lehrerin zu uns kam zum Unterricht, waren wir oft sehr laut, und es dauerte länger, bis wir still wurden. Sobald wir aber Fräulein Merten eintreten sahen, muckten wir uns nicht mehr. Sie wurde von uns Kindern sehr geliebt und besaß das volle Vertrauen der Eltern.«[8] Mit ihrer Liebe hat Maria auch in den Kindern Liebe geweckt. Sie hat mit ihrer Liebe eine Atmosphäre geschaffen, in der sich die Kinder wohl fühlten. Das Zeugnis eines früheren Schülers bestätigt das: »In der Schule hatte sie große Autorität. Die Kinder folgten ihr aufs Wort; denn alle waren froh mit ihr.«[9] Dass eine Lehrerin eine Atmosphäre von Freude verbreitet, kommt in der Schule gar nicht so häufig vor. Wir denken zuerst an Pflicht und Arbeit. Aber die Atmosphäre von Liebe und Freude, in der sich die Schüler und Schülerinnen angenommen wussten, ermöglichte es der Lehrerin, in Klarheit und Strenge ihren Unterricht zu halten. Pünktlichkeit und Zuverlässigkeit waren ihr dabei hohe Werte.

Eine Frau, die von außen die Lehrerin unter ihren Schülern und Schülerinnen betrachtete, kam zu folgendem Urteil: »Die Kinder hatten, nach ihrem Benehmen zu schließen, großes Vertrauen zu ihr; sie schauten so willig zu ihr auf. Ja, es machte den Eindruck, als wollten sie etwas aus ihr ›herausholen‹, als wollten sie sagen: ›Führe mich!‹«[10] Maria hatte offensichtlich die Fähigkeit, in den Kindern eine Erwartung zu wecken. Die Schüler spürten offensichtlich, dass die Lehrerin ihnen etwas zu sagen hatte, und holten etwas aus ihr heraus. Sie wollten von ihr nicht nur Wissen bekommen, sondern sie wollten von ihr geformt und gebildet werden. Es war nicht die Methodik, die Maria auszeichnete, sondern ihre Fähigkeit, in den Kindern die Sehnsucht nach Formung und Führung zu wecken.

Noch ein anderer Zug zeigte sich während der fünf Jahre, die Maria als Lehrerin in Morscheid verbrachte. Es war ihre Sorge für die armen Kinder. Maria war im Unterricht gerecht. Doch die armen Kinder hatten bei ihr Vorzug. Die Kinder der einfachen Bauern erfuhren ihre besondere Zuwendung. Viele Kinder kamen nämlich aus ärmlichen Verhältnissen. Sie hatten es in der Schule nicht leicht. Maria gab ihnen die gleichen Chancen wie den anderen Schülern. Ja, sie wandte sich gerade den armen Kindern zu, damit sie sich selbst etwas zutrauten und sich als gleichwertig fühlten. Doch ihre Sorge für die armen Kinder zeigte sich nicht nur im Unterricht. Sie half auch tatkräftig mit. Sie kochte für die armen Kinder, brachte ihnen oft ein Butterbrot in den Unterricht mit, damit sie nicht hungrig dem Unterricht folgen mussten, und sie beschenkte die Kinder, die nichts hatten. Es gibt viele Zeugnisse ehemaliger Schülerinnen und Schüler, die diese karitative Tätigkeit von Blandine Merten voller Bewunderung beschreiben.

Eine Frau schreibt etwa: »Mein Vater war arm. Er war Schuster und machte die Lederschuhe für Fräulein Merten und die anderen Lehrpersonen. Unserer Familie hat sie viel Gutes getan, besonders an Lebensmitteln und Kleidern. Aber niemand hat etwas davon erfahren. Sie hat uns selbst die Sachen gebracht, oder sie hat sie uns Kindern mitgegeben. Ich selbst habe öfter bei ihr Kaffee bekommen. Sie dachte sich, dass ich zu Hause nicht genug bekäme ...«[11] Maria wollte den armen Kindern nicht vor der Öffentlichkeit helfen, einmal um die Armen nicht zu beschämen, zum andern weil sie sich selbst nicht darstellen wollte. Manche haben ihre Hilfsbereitschaft auch ausgenützt. So schreibt ein ehemaliger Schüler: »Sie hat ihre Kleider vom Leibe verschenkt bis auf einen ›Anzug‹, den letzten, den sie nicht mehr herschenken konnte. Verschiedene Leute haben diese ihre Güte missbraucht und bei ihr gebettelt, sich arm gestellt, während sie dann ihr Geld für unnütze Dinge ausgaben.«[12]

Ihre Schwester Elise unterstützte Maria in ihrer Hilfsbereitschaft. Immer wenn Maria nichts mehr hatte, um für die armen Kindern zu kochen oder ihnen etwas zu schenken, musste Elise nach Düppenweiler zu ihren Geschwistern gehen, um dort Nachschub zu holen. Maria kam ja selbst nicht aus ärmlichen Verhältnissen. Der Hof, den ihr Vater aufgebaut hatte, war offensichtlich gut geführt und brachte guten Ertrag. Doch Maria wollte das, was sie besaß, nicht für sich behalten. Sie hatte ein Gespür für die armen Kinder, von denen viele damals betteln gehen mussten. Wenn sie dann mit den besser gestellten Kindern gemeinsam im Unterricht saßen, gab es manche Verletzungen. Eine Frau beschreibt die damaligen Verhältnisse: »Damals gab es in Hoxel viele arme Kinder; diese Familien mit durchschnittlich zwölf bis vierzehn Kindern wohnten nur in strohbedeckten Hütten. Die Eltern waren Besenbinder oder Korbmacher. Der Vater konnte diese große Kinderschar für gewöhnlich nicht selbst ernähren, und so schickte er sie – und auch die Mutter – betteln. Das war ganz selbstverständlich. Gerade gegen diese armen Kinder war Schwester Blandine besonders gut.«[13]

Nach fünfjähriger Tätigkeit in Morscheid bewarb sich Maria Merten auf eine andere Stelle. Vermutlich hatte der Schulrat ihr dazu geraten. So wurde sie auf ihren Wunsch hin 1907 nach Großrosseln versetzt. Nicht nur die Kinder, auch die Eltern bereiteten ihr einen großen Abschied. Sie ließen ihre Lehrerin nur ungern ziehen. In Großrosseln blieb Maria nur neun Monate. In dieser Zeit reifte ihr Entschluss, ins Kloster einzutreten. Wie dieser Wunsch entstand, ins Kloster zu gehen, können wir heute nicht mehr genau sagen. Schon in Morscheid hatte sie einmal den Wunsch geäußert, Missionsschwester zu werden. Eine frühere

Lehrerin aus dem Seminar in Marienau riet ihr, sie solle einmal nach Saarbrücken fahren, um die Ursulinen kennen zu lernen, die dort Schulen unterhielten. Nach einem Gespräch mit der Generaloberin, die gerade zu Besuch weilte, bat sie um baldige Aufnahme. Offensichtlich war Maria froh, im Orden ihr Charisma als Lehrerin weiter entfalten zu können. Ihrer Nichte gegenüber äußerte sie: »Jetzt habe ich den richtigen Orden gefunden, und in diesem will ich auch sterben. Dort ist Kindererziehung, und ich kann weiter in der Schule tätig sein.«[14] Von ihrer religiösen Ausrichtung lag das Ordensleben gleichsam in der Luft. Doch Maria Merten wartete so lange mit ihrer Entscheidung, in einen Orden einzutreten, bis sie eine Möglichkeit gefunden hatte, beides miteinander zu verbinden: das spirituelle Leben in einer Gemeinschaft und die Arbeit als Lehrerin. Das Lehrerinnensein gehörte also zu ihrer Identität. Sie hätte es nur schwerlich aufgeben können.

4. *Klostereintritt*

Zunächst teilte Maria ihrer Schwester Elise mit, dass sie in den Orden eintreten wolle und schon um Aufnahme gebeten habe. Ihre Schwester fiel ihr um den Hals. Sie hatte den gleichen Entschluss gefasst. So traten beide gemeinsam am 22. April 1908 in die Kongregation der Ursulinen vom Calvarienberg bei Ahrweiler ein. Ihre Schwester arbeitete später im Orden als Krankenschwester. Die Ursulinen sind ein religiöser Lehrorden, der 1535 von der heiligen Angela Merici in Italien gegründet worden war und sich vor allem in Frankreich schnell ausgebreitet hatte. 1838 hatte der Orden das Kloster auf dem Calvarienberg bei Ahrweiler, einem beliebten Wallfahrtsort, übernommen.

Maria hatte sich bewusst für die Ursulinen entschieden, weil sie darin Betrachtung und Gebet mit ihrer Berufstätigkeit als Lehrerin verbinden konnte. Aber es gab noch andere Gründe, warum sie gerade die Ursulinen ausgewählt hatte: Maria Merten war als Lehrerin eine selbständige Frau. Sie wusste, was sie wollte. Angela Merici hat bewusst eine Gemeinschaft von eigenständigen Frauen gegründet. Sie legte viel Wert auf die Entscheidung der einzelnen Schwester. »Denn Gott hat einem jeden die freie Entscheidung gegeben, und er will niemanden zwingen, sondern nur die Richtung weisen, einladen und raten.«[15] Und offensichtlich fand Maria Merten in der Spiritualität von Angela Merici ihre eigenen pädagogischen Anschauungen wieder. In den »ricordi«

(Gedenkworte) der heiligen Angela fand sie Worte, die ihre eigene Auffassung über den Umgang mit Schülern bestätigten: »Bedenkt also, dass Ihr sie werthalten müsst wie einen kostbaren Schatz. Je höher Ihr sie schätzt, desto mehr werdet Ihr sie lieben, und je mehr Ihr sie liebt, desto wachsamer wird Eure Sorge für sie sein. Und es wird Euch unmöglich sein, sie nicht Tag und Nacht alle und jede einzelne unauslöschlich im Herzen zu tragen, denn so handelt und wirkt die wahre Liebe.«[16] So fand Maria bei den Ursulinen eine Bestätigung ihres eigenen Selbstverständnisses als Frau in der Kirche und als christliche Lehrerin.

Beim Klostereintritt bekam Maria den Namen Blandine. Blandine bedeutet im Deutschen »die Liebenswürdige, Liebreiche«. Die heilige Blandine war als Sklavin Christin geworden. Unter dem römischen Kaiser Marc Aurel (121–180) starb sie in Lyon den Märtyrertod. Außerdem erhielt Maria zum Klosternamen noch den Beinamen »Vom Heiligsten Herzen Jesu«. Damals war die große Zeit der Herz-Jesu-Frömmigkeit. Im Herzen Jesu sah man ein Symbol für die menschgewordene Liebe Gottes. Gottes Liebe ist in einem Herzen anschaubar geworden. Dieses Herz ist durchbohrt und steht offen für uns. Sowohl ihr Klostername als auch ihr Beiname waren für Blandine ein geistliches Programm, in das sie immer mehr hineinwuchs. Sie selbst schreibt einmal in einer Betrachtung über ihren Beinamen:

»Das Herz Jesu ist der Spiegel der gottliebenden Seele, in dem sie sich täglich schauen und ihre

1908 trat Maria Merten als Schwester Blandine in die Kongregation der Ursulinen vom Calvarienberg in Ahrweiler ein

Ähnlichkeit oder Unähnlichkeit mit Ihm feststellen kann. Es ist der Seele das beste Betrachtungsbuch, der weiseste und liebenswürdigste Berater, höchste Quelle des Trostes und süßester Ort der Ruhe. Wenn wir immer in der rechten Weise das Göttliche Herz Jesu zu befragen und zu verstehen wüssten, wir hätten nichts anderes mehr nötig.«[17]

Wenn wir uns nicht an der zeitbedingten Sprache stoßen, so entdecken wir in diesen Worten, dass das Herz Jesu für Blandine ein Spiegel war, in dem sie die eigene Wahrheit erkennen konnte. Für ihre Spiritualität war es daher wichtig, Selbsterkenntnis und Gotteserkenntnis, Selbstbegegnung und Gottesbegegnung miteinander zu verbinden. In der Meditation des Herzens Jesu erkennt sie sich selbst, auch mit all den weniger angenehmen Seiten, die man vor Gott am liebsten verstecken möchte. Solche Seiten erkannte Blandine sehr bald an sich. So schreibt sie in ihr Tagebuch: »Ich bin empfindlich für alles, was meine Ehre betrifft, und habe neuerdings große Schwierigkeiten im gemeinschaftlichen Leben; ein trauriges Zeichen dafür, dass Stolz und Eigenliebe noch sehr tätig und lebendig sind in meinem Innern. – O Herr, ertrage mich!«[18] Im Herzen Jesu erkennt Blandine, was in ihr noch an Egoismus und Ehrsucht ist. Und zugleich bittet sie das göttliche Herz, ihr zu helfen, frei zu werden von der Empfindlichkeit und ihrem Kreisen um sich selbst. Das Herz Jesu ist Blandine ein weiser und liebenswürdiger Berater. Im Gespräch mit ihm erkennt sie, wie sie die

Ereignisse des Alltags deuten und wie sie darauf reagieren könnte. Und schließlich ist es ihr Trost und ein Ort, an dem sie zur Ruhe findet, an dem sie in Einklang kommt mit sich selbst. Das Herz, das liebt, verurteilt und bewertet nicht. Vor Gott darf alles sein. So können wir in ihm und vor ihm zur Ruhe kommen. Alle Selbstbewertung und Selbstverurteilung hört angesichts dieser menschgewordenen Liebe Gottes auf.

Die Zeit im Noviziat war für Blandine nicht immer einfach. In Morscheid war sie getragen von der Liebe der Kinder und ihrer Eltern. Sie stand als Lehrerin im Mittelpunkt. Im Orden meinte man damals jedoch, die Frauen vor allem dadurch zu einer guten Ordensschwester zu erziehen, dass man sie demütigte und von ihr Unterwürfigkeit verlangte. Die Novizenmeisterin verstand ihre Aufgabe darin, die Schwestern zu tadeln, um zu prüfen, wie sie reagierten. Es war eine eigenartige Spiritualität, die damals in allen Orden herrschte und die wir heute kaum verstehen können. Das positive Ziel all dieser asketischen Übungen jedoch war, frei zu werden vom eigenen Ich. Blandine ließ sich auf die Spiritualität ein, die ihr dargeboten wurde. Aber sie ging vor Gott auch ihren ganz persönlichen Weg in innerer Freiheit. Ihr Leben in der Gemeinschaft war für sie nicht immer einfach. Wegen kleiner Dinge erfuhr sie manchmal Kritik oder man stellte ihr gesamtes geistliches Leben in Frage. Nach außen blieb Blandine jedoch beherrscht und ruhig. Ihre eigenen Aufzeichnungen zeigen, wie schwer es ihr innerlich fiel, vieles von dem, was sie schon vor ihrem Klosterleben aufgebaut hatte, loszulassen und auf den manchmal kleinlichen Alltag einer Noviziatsschulung einzugehen. Sie beobachtete sich sehr genau und litt an dem, was sie in sich wahrnahm: »Wie steht's mit mir? In meinen Handlungen innerlich: verkehrte Regungen, Eitelkeit, Abneigung, Ungeduld, Widerstreben; äußerlich: Erregung, Unfreundlichkeit, Nachlässigkeit, Mangelhaftigkeit in der Ausführung.«[19]

Mit ihrer Schwester Elise, die nun den Ordensnamen Blanda, angenommen hatte, hatte sie sich immer gut verstanden. Jetzt musste sie – wie es damals üblich war – zu ihrer Schwester »Sie« sagen. Das war sicher nicht einfach für sie. Mit den Mitnovizinnen verstand sich Blandine gut. Doch da sie nichts aus sich machte, wurde sie auch leicht übersehen. Und zuweilen wurde sie auch aufgezogen. Die jüngeren Schwestern sagten oft spöttisch zu ihr: »es wäre an der Zeit, dass sie den 12. Band ihrer Erleuchtungen herausgäbe«.[20] Sie spielten dabei auf innere Visionen an, die sie bei ihr vermuteten. Solche Bemerkungen haben sie sicher verletzt. Nach außen zeigte sie keine Reaktion. Doch manchmal sahen ihre Mitschwestern Tränen in ihren Augen, wenn sie getadelt wurde. Als größten Fehler nannte sie selbst ihre eigene Empfindlichkeit, die ihr wohl oft große Schmerzen bereitete. Denn auch in einer Ordensgemeinschaft geht es nicht immer nur herzlich und liebevoll zu. Doch alle Mitschwestern stellten ihrer Mitnovizin letztlich ein gutes Zeugnis aus. Blandine blieb bei all ihrem spirituellen Eifer bescheiden. Sie stellte sich nicht über andere. Zu allen Arbeiten war sie bereit. Und allen fielen ihr freundliches Wesen und ihre große Liebenswürdigkeit auf.

5. Wirken als Ordensschwester

Das Noviziat endete im November 1910 mit der zeitlichen Profess. Sie freute sich nun, nach dem Noviziat wieder als Lehrerin in der Schule wirken zu können. So kam sie schon wenige Tage nach ihrer zeitlichen Profess nach Saarbrücken, um dort in Schule und Internat der Ursulinen zu arbeiten. Sogleich schlugen ihr wieder die Herzen der Schülerinnen entgegen. Und auch vom Lehrerkollegium wurde sie schnell anerkannt. Doch schon im Januar 1911 zog sie sich eine so starke Erkältung zu, dass sie ihre schöne und klare Stimme verlor. Von da an klang sie immer etwas heiser. Der Arzt riet ihr deshalb, sich in eine Stadt mit milderem Klima versetzen zu lassen. So kam sie im Juni 1911 nach Trier. Dort hatten die Ursulinen im Jahre 1853 im alten Bantushaus eine Filiale errichtet. Blandine unterrichtete auch hier an der Schule und arbeitete als Erzieherin im Internat mit.

Auch hier gibt es viele Zeugnisse von ehemaligen Schülerinnen. Alle bewunderten ihr liebenswürdiges Wesen. Aber manche litten auch an ihrer Strenge. Eine Schülerin schreibt: »Sie war von uns allen geachtet und hatte große Autorität, weil sie sehr streng war – mir eigentlich viel zu streng.«[21] Doch Blandine verlangte von den Mädchen lediglich, was sie auch für sich selbst befolgte und was sie für das Wachstum der Einzelnen für notwendig hielt. Sie verwirklichte, was Angela Merici von ihren Schwestern forderte: »Lebt und betragt Euch so, dass Ihr für Eure jungen Töchter wie ein

Spiegel seid, und tut zuerst selbst, was Ihr von ihnen verlangt. Wie könntet Ihr sie tadeln oder ihnen einen Fehler vorhalten, den Ihr selbst noch habt? Oder wie wolltet Ihr sie belehren oder zu einer Tugend ermahnen, die Ihr selbst nicht habt oder nicht wenigstens mit ihnen zusammen zu erwerben Euch bemüht.«[22]

Die Strenge ihrer Lehrerin hielt die Kinder nicht ab, sich auf die Stunden mit Blandine zu freuen. »Oft sah ich, wie ihre Klassenkinder – siebenjährige Mädchen – Schwester Blandine entgegenliefen, ganz sicher ein Zeichen, dass sie Schwester Blandine sehr lieb hatten.«[23] Sie spürten, dass die Liebe in ihr stärker war als die Strenge. Blandine weckte mit ihrer Liebenswürdigkeit auch in den Schülerinnen Liebe und Zuneigung. So konnte sie mit den Kindern gut arbeiten. Ein anderes Mädchen, das absolut nicht im Internat bleiben wollte und sich vorgenommen hatte, durch ihr »borstiges« Verhalten bald wieder heimgeschickt zu werden, beschreibt ihren Eindruck von Blandine: »Immer noch sehe ich ihr frohes, liebes und frommes Gesicht mit dem lieben Lächeln, das mich und mein Heimweh ganz bezwungen hat. Diese Schwester ist mir in leuchtender Erinnerung geblieben, und ihr Bild geht niemals unter.«[24] Es ist eine eigenartige Beschreibung: Ihr Gesicht war froh, lieb und fromm. Es hatte etwas Anziehendes, etwas Fröhliches, aber auch etwas, das über das Menschliche hinauswies. Das ist wohl mit »fromm« gemeint. Die Kinder spürten, dass diese Schwester in Gott ihren Grund hatte.

Im Sommer 1914 begann der Erste Weltkrieg. Anfangs hatte das keinen Einfluss auf den Unterricht. Doch später dann wurden die Lebensmittel immer knapper und der Unterricht wurde häufig durch Fliegeralarm gestört. Wenn die Sirene ertönte, mussten Schüler und Lehrer in den Luftschutzraum eilen, wo sie eng zusammensaßen. Viele Kinder weinten, denn sie waren überfordert mit der ständigen Bedrohung. Blandine strahlte Vertrauen aus, so dass sie sich in ihrer Nähe sicher fühlten. Diese Ausstrahlung spürten die Kinder nicht nur im Luftschutzkeller, sondern in jeder Begegnung. So schreibt eine ehemalige Schülerin: »Ich erinnere mich des stets gleich bleibenden, freundlichen, sanften Wesens, der beseelten, strahlenden Augen. Auf mich persönlich, die ich zu den wilden, lauten Kindern gehörte, wirkte Schwester Blandine stets beruhigend und besänftigend. In ihrer Nähe wurde ich still und besinnlich. Sie besaß große Sicherheit im Urteil, so dass ich ihren Rat gern annahm.«[25] Die Kinder haben offensichtlich sehr gut den Charakter von Blandine erfasst. Sie versteckte nicht ihre Gefühle hinter einer Fassade der Selbstbeherrschung, sondern ihre Augen waren beseelt. Eine lebendige, aber zugleich immer freundliche und innerlich frohe Frau trat den Kindern entgegen. Ihre strahlenden Augen verweisen auf die innere Klarheit, Stille und Heiterkeit. Diese Augen machten auf die Kinder offensichtlich einen bleibenden Eindruck von Güte und Milde, von Freundlichkeit und Vertrauen. Dass die Kinder in der Nähe von Blandine ruhig und still wurden, zeigt die besondere Ausstrahlung dieser Schwester. Diese Ausstrahlung war nicht einfach künstlich geschaffen, sondern Zeichen für das, was in ihr war. Sie war mit sich in Frieden. So konnten auch die Kinder etwas Heiliges in ihr spüren, das das rein Natürliche überstieg und auf Gott verwies.

Doch Blandine arbeitete in diesen Jahren des Krieges nicht nur als Lehrerin. In St. Bantus »war ein Hort eingerichtet worden für die Kinder, deren Väter im Kriege standen und deren Mütter auswärts den Unterhalt der Familie verdienen mussten«.[26] In den Ferien arbeitete Blandine auch dort mit. Täglich ging sie zwei Stunden zu den Kindern. Sie war die einzige Lehrerin, die in den Ferien zu dieser Arbeit eingeteilt wurde. Die Oberen merkten oft gar nicht, dass Blandine damit körperlich überfordert war. Denn die Tätigkeit mit den kleinen Kindern verlangte, dass sie sich lange bücken musste. Einmal meinte sie, ihr wäre fast der Rücken zerbrochen. Doch das Zeugnis von Mitschwestern zeigt, dass sie sich gerne auf diese Arbeit einließ und sich mit Hingabe um die armen und verwahrlosten Kinder bemüht hat. So schreibt eine Mitschwester: »Weil ich zu dieser Zeit auch dort beschäftigt war, konnte ich beobachten, wie sie gerade die Schwachen, Armen und Hilfsbedürftigen mit großer mütterlicher Liebe umgab. Wenn mir die Arbeit bei diesen armen Kindern, die oft sehr schmutzig war, zuwider wurde, hat sie die Hauptsache darin getan und mich dann ermutigt, mich zu überwinden und es auch – aus Liebe zum Heiland – zu lernen. Zwei ganz verwahrloste

Kinder hat sie mit besonderer Liebe immer in Ordnung gebracht und gewaschen.«[27]

Eine andere Schwester schreibt von ihrem Einsatz im Kriegshort: »Schwester Blandine hat die verwahrlosten Kinder im Kriegshort betreut. Dass sie das fertig brachte bei ihrer zarten Konstitution, war heroisch von ihr. Wir mussten am Tage mehrmals durch diesen Raum. Die Luft war so schlecht darin von den Unsauberkeiten der verwahrlosten Kinder, dass ich mir immer die Nase zuhielt, wenn ich durchging. Ich hätte mich nie dazu ausersehen, diese Luft mit den Kindern zu teilen. Nach meinem Dafürhalten hat Schwester Blandine sich bei dieser Arbeit den Keim für ihre Todeskrankheit geholt.«[28]

Blandine hat diese Arbeit bei den verwahrlosten Kriegskindern nicht nur aus Gehorsam getan. Zu einer Mitschwester etwa, die sich mit dieser Arbeit schwer tat, sagte sie, »es gäbe ja nichts Schöneres, als dem Jesuskind in den Kindern zu dienen«[29]. Sie nennt diesen Dienst »Heilandsarbeit«, für die sie Christus täglich dankte. Sie war bereit für alle Opfer, weil sie in den Kindern Christus selber sah und weil sie hoffte, »dass aus diesen Kleinen später große Seelen werden«[30]. Sie verstand ihren Dienst an den Kindern, sowohl im Hort als auch in der Schule, demnach ebenso als missionarische Aufgabe. Sie wollte, dass aus den Kindern große Seelen werden, dass sie mit ihrer Seele in Berührung kommen und dass sie all das entfalten konnten, was Gott ihnen an Gaben geschenkt hatte.

6. Krankheit und Tod

In den Sommerferien 1916 tat Blandine wieder ihren Dienst im Kinderhort an. Als die Schwestern während der Mittagspause im Schulhof spazieren gingen, kam Blandine mit einer Schar Hortkinder vorbei. Die Schwestern erschraken, als sie Blandine erblickten. Sie sah so bleich aus, dass die Oberin, Schwester Constantia, sie sofort ins Bett schickte. »Als bald darauf der Unterricht wieder begann, war ihre Kraft erschöpft. Beide Lungen waren angegriffen, hohes Fieber stellte sich ein, die todbringende Krankheit hatte sie erfasst.«[31] Von September 1916 an bis zu ihrem Tod im Mai 1918 blieb Blandine ans Bett gefesselt. Zwischenzeitlich schien sich die Krankheit wieder zu bessern. Blandine durfte dann sogar etwas aufstehen. Aber das war immer nur von kurzer Dauer. Sie erhielt ihre Krankenzelle im Marienhaus, der Pflegestätte für kranke Schwestern. Ihre Zelle lag direkt neben dem kleinen Kapellenchor. Sie freute sich, dass sie so nah an der Kapelle liegen durfte. Als sie das erste Mal ihre Zelle betrat, rief sie freudig aus: »Der Heiland und ich!«[32] Sie spürte, dass sie ihre Krankheit in der Nähe Jesu durchleben und durchleiden würde und dass sie durch die Krankheit immer tiefer in das Geheimnis Jesu Christi hineinwachsen würde.

Damals hatte man kaum Mittel, um Tuberkulose zu heilen. Man konnte die Krankheit nur mildern und versuchte dies mit allen möglichen Tees und oft auch homöopathischen Mitteln.

Wegen ihrer kranken Lungen musste Blandine ständig auf dem Rücken liegen. Doch schon bald plagte sie eine Darmfistel. Eine Schwester, die sie während ihrer Krankheit pflegte, meinte: »Diese offene Wunde eiterte ständig. Sie konnte nicht heilen, weil sie tuberkulös war. Durch warmen Kamillentee suchte ich ihr etwas Linderung zu verschaffen. Wegen ihrer kranken Lunge konnte Schwester Blandine nicht auf der Seite liegen, so lag sie beständig auf dieser offenen Wunde, was ihre Schmerzen sehr vermehrte. Doch auch bei den heftigsten Schmerzen klagte Schwester Blandine nie, noch verzog sie eine Miene. Das Reinigen der eiternde Wunde besorgte Schwester Blandine immer selbst; erst, als sie gar keine Kraft mehr hatte, durfte ich alles machen.«[33]

Die Schwestern, die Blandine besuchten oder die sie pflegten, waren sehr erbaut von ihrem inneren Frieden. Die Krankheit war für sie das, was Gott ihr zugemutet hatte. Und sie hat die Krankheit in einer Weise getragen, dass darin ihr wahres Wesen sichtbar wurde. Eine Mitschwester schreibt: »Sie hat niemals geklagt, war immer froh, immer heiter; jeden empfing sie mit einem freundlichen Lächeln. Sie war auch nie gedrückt, nie missmutig. Dies konnte nur durch ihre vollständige Verwurzelung im Willen Gottes zu erklären sein.«[34] Die Leidensspiritualität, die damals in den Orden weit verbreitet war, ermöglichte es Blandine, ihr Leiden als von Gott gegeben anzunehmen, darin die Gemeinschaft mit Jesus Christus zu erfahren und durch die Krankheit immer mehr für Gottes

Liebe aufgebrochen zu werden. Sie rebellierte nicht gegen die Krankheit, sondern nahm sie als ihren Weg zu Gott. Sicher hätte sie gerne als Lehrerin weitergearbeitet. Aber wir spüren in ihr kaum einen Widerstand gegen die Krankheit.

Ihre leibliche Schwester Blanda war Krankenschwester und tat ihren Dienst in Saarbrücken. Sie machte sich um ihre kranke Schwester große Sorgen. Als geschulte Krankenschwester konnte sie einschätzen, was Lungentuberkulose bedeutet. Blandine schreibt ihr immer wieder und berichtet ihr, wie es ihr geht. Dabei spüren wir ihr Bemühen, die Sorgen und Ängste der Schwester zu beruhigen. So schreibt sie im Oktober 1916 an ihre Schwester:

»Es ist bis jetzt kein Grund zur Verängstigung vorhanden. Ich bin wohl seit fünf Wochen im Bett, habe aber selten Fieber ... Sie können sich nun lebhaft vorstellen, wie gern ich oft heraus wollte, wenn nicht der gestrenge Herr Doktor den Daumen so fest darauf hielte. Wenn mein Zustand besorgniserregend wird, werde ich daran denken und unsere liebe Würdige Mutter bitten, dass Sie gleich benachrichtigt werden. Nun, bitte, aber auch keine Angst mehr, wenn man Ihnen auch hundertmal sagt, ich läge mit Fieber im Bett.«[35]

Blandine schreibt ihrer Schwester in regelmäßigen Abständen, wie es ihr gesundheitlich geht. Es ist ein ständiges Auf und Ab. Manchmal weicht das Fieber für einige Tage. Dann darf Blandine aufstehen. Vor allem in den Sommermonaten geht sie sogar ins Freie. An schönen Tagen kann sie draußen im Liegestuhl liegen. Doch es tritt keine wirkliche Besserung ein. Und allmählich wird ihr klar, dass sie diese Krankheit nicht überleben wird. Als ihr Arzt meint, eine Kur könne ihr Besserung bringen, winkt sie ab. Sie weiß, dass die Kur ihre Krankheit nicht zu heilen vermag. Es wäre umsonst ausgegebenes Geld gewesen. Außerdem begründet sie ihre Weigerung, in Kur zu gehen, mit der versprochenen Armut. Zudem hätte sie sich in der ewigen Profess Christus als Opfer angeboten. Sie sei sich gewiss, dass Christus dieses Opfer angenommen habe. In diesem Wort wird deutlich, welche Deutung Blandine ihrer Krankheit gab. Die Krankheit war für die Hingabe an Christus und seiner Liebe. Mit Christi Liebe, die am Kreuz zur Vollendung kam, wollte sie sich vereinen. Diese Haltung befreite sie vom Jammern und Klagen sowie von der bohrenden Frage, warum ausgerechnet sie diese Krankheit haben musste.

In der Zeit ihrer Krankheit las Blandine keine Bücher. Ihr genügte das Neue Testament als tägliche Lektüre. Vertieft hat sie sich zum einen vor allem in das Johannesevangelium. Dort faszinierte sie vor allem das Thema der Liebe. Zum anderen beschäftigte sie sich mit den Paulusbriefen, wo sie vor allem die Gemeinschaft mit Christus in seinem Leiden betrachtete. Sowohl das Johannesevangelium wie die Paulusbriefe sind die ersten mystischen Texte des Christentums. Diese beiden Quellen machen deutlich, worum es Blandine in ihrem Leben im Tiefsten ging: um das Einüben in die göttliche Liebe, die uns in Jesus Christus sichtbar erschienen ist, und um die intime Gemeinschaft mit Jesus Christus, die gerade im Leid ihren leibhaften Ausdruck gewinnt.

In den letzten Monaten vor ihrem Tod meditierte sie sehr intensiv das letzte Buch des Neuen Testaments, die Offenbarung des Johannes. Darin betrachtete sie vor allem die mystischen Texte und fand hier eine Deutung ihrer Krankheit. Sie wollte immer tiefer hineinwachsen in die Gemeinschaft mit Jesus Christus. Die Gedanken des heiligen Paulus, dass er immer das Todesleiden an sich trug (vgl. 2 Kor 4,10), wurden für sie zum Schlüssel, die eigene Krankheit zu verstehen.

Mitschwestern baten sie öfter, sie möge für sie eine kleine Betrachtung aufschreiben. Für Schwester Hermenegildis etwa, die zweimal in der Woche zu Besuch kam, um mit ihr zu sprechen, schrieb sie auf ihren Wunsch hin solche Betrachtungen in ein Heft. Die erste Betrachtung, die sie für sie verfasste, hatte zum Thema: »Nicht ich lebe, sondern Christus lebt in mir.« Dieses Pauluswort aus dem Galaterbrief (Gal 2,20) drückte aus, wie sie ihre Krankheit verstand. Ihre Kraft ließ nach, damit Christus immer mehr in ihr Raum einnahm und sie ganz und gar prägte. Als Schwester Hermenegildis die Betrachtung las, sagte sie spontan: »Das ist für mich zu hoch.«[36] So riss Schwester Blandine die Gedanken wieder aus dem Heft heraus.

Viele ihrer Betrachtungen hatte Blandine in kleinen Heftchen niedergeschrieben. Sie ließ jedoch alle von ihrer Mitschwester Hermenegildis verbrennen. Nur ein einziges Heft, mit den

Aufzeichnungen von Oktober 1914 bis Februar 1916, nahm sie an sich. Wie durch ein Wunder erhielt sie jedoch nach dem Tod von Blandine auch dieses Heftchen. Ihre Oberin hatte sich zunächst wegen der vermuteten Ansteckungsgefahr geweigert, den Bitten von Schwester Hermenegildis nachzugeben und ihr die letzten, noch erhaltenen Betrachtungen der Verstorbenen zu übergeben. Vieles von Blandine wurde allerdings verbrannt, so dass wir fast nur in den Briefen an ihre Verwandtschaft schriftliche Zeugnisse aus ihrer Feder besitzen.

In einem Brief von Weihnachten 1917 an ihre Schwester Blanda schrieb sie, dass Gott von ihr im kommenden Frühjahr ein Opfer verlangen werde. Sie schrieb ihr: »Vor 3 Wochen ungefähr bat ich den Arzt, mir zu sagen, wie lange es wohl noch dauern möge. Nach einigem Zögern gab er nach und sagte, er glaube bis April.«[37] Blandine wurde immer schwächer. In diesen letzten Wochen schrieb sie als eine der letzten Aufzeichnungen: »Ich bin des Meisters Opferlamm, das er selbst nun zur Opferbehandlung zurüstet. Ich gebe mich Ihm ganz hin, bin mit allem zufrieden und froh über alles, was Ihm zu tun beliebt.«[38] Sie hat sich in ihre Krankheit ergeben. Die Schmerzen hat sie als »Opferbehandlung« gedeutet, die Christus selbst an ihr vornimmt. Diese Deutung hat es ihr ermöglicht, die Schmerzen froh zu ertragen. Denn sie verstand alles als Tun Christi an ihr. Ihre Krankheit war wie eine Berührung Christi, ein von Christus Aufgebrochenwerden für das Geheimnis der unbegreiflichen Liebe Gottes. Blandine war einverstanden mit dem frühen Sterben. Zwar hatte sie in ihrer Krankheit immer wieder auch Hoffnung geschöpft, sie könnte doch wieder gesund werden. Doch sie ergab sich in den Willen Gottes. Noch im Mai, kurz vor ihrem Tod schreibt sie: »Heiliger Wille meines Gottes, über alles liebe ich dich! Nach den guten Frühlingsmonaten und den günstigen Aussagen der Ärzte glaubte ich, Er wolle ein längeres Leben für mich. Doch dem ist nicht so. Das steigende Fieber und die übergroße Schwäche zeigen mir, dass es zum Vater geht. Er sei gelobt und ewig gepriesen. Amen.«[39] Was Gott will, das ist ihr heilig. Die Krankheit ist sein Willen, den sie über alles liebt und der für sie auch Ausdruck seiner Liebe zu ihr ist.

Angesichts des nahenden Todes bat Schwester Hermenegildis ihre Mitschwester, sie solle doch einmal aufschreiben, wie sie über ihr Leben denke. In dem Text, den Blandine darauf verfasste, können wir ein Vermächtnis von Blandine sehen und erkennen, wie sie mit ihrer Krankheit umging:

»Wie man am Abend des Lebens über manche Dinge denkt. Wie herzlich danke ich meinem Gott für alle Leiden, die Er auf meinem Lebensweg gestreut hat! Leiden löst los vom Irdischen, es hebt und stärkt die Seele und ist die beste Schule der Liebe. Leiden endlich läutert und vereinigt aufs innigste mit Jesus! Wie leicht ist der Tod, wenn man auf Erden nur den geliebt hat, der uns dann Richter sein soll! Glücklich die Seele, die sich so

sehr vergessen kann, dass sie nur Gott und seinen heiligen Willen sieht und mit der ganzen Kraft ihres Wesens diesem heiligen Willen zu entsprechen sich bemüht! Wie ruhig und zuversichtlich kann sie der ersten Begegnung mit ihrem göttlichen Bräutigam entgegensehen! Erkenntnis des eigenen Elendes und Nichts ist der Weg zur vertraulichen Liebe des göttlichen Herzens. Man muss allezeit glauben an die übergroße Liebe, die im Gottesherzen für uns schlägt; sie allein bestimmt die Leiden und Opfer, die uns treffen.«[40]

Hier wird nochmals deutlich, wie Blandine ihr Leiden deutet. Sie bedankt sich für die Leiden, weil sie darin die beste Schule der Liebe sieht. Im Leiden wird sie frei von aller Verhaftung am Ich. Und das Leiden konfrontiert sie mit dem eigenen Elend. Gerade die Erfahrung der eigenen Schwäche jedoch öffnet sie für den Weg der Liebe. Blandine hat verstanden, was Paulus im 2. Korintherbrief schreibt: »Viel lieber also will ich mich meiner Schwachheit rühmen, damit die Kraft Christi auf mich herabkommt. Deswegen bejahe ich meine Ohnmacht, alle Misshandlungen und Nöte, Verfolgungen und Ängste, die ich für Christus ertrage; denn wenn ich schwach bin, dann bin ich stark.« (2 Kor 12,9f)

Am 16. Mai 1918 kam Regens Dr. Nikolaus Bares, der spätere Bischof von Berlin, damit sie bei ihm beichten könne. Er sagte beim Weggehen: »Ich betrachte es jedes Mal als eine besondere Gnade, wenn ich mit dieser heiligen Seele in Berührung kommen darf.«[41] Und am Abend sprach er noch sehr berührt von dieser Begegnung zu einem Freund: »Ich habe eine Heilige gesehen, und nun wünsche ich mir auf der ganzen Welt nichts anderes, als so zu sterben.«[42] Blandine machte nicht nur auf den Beichtvater in ihrer Krankheit und in ihrem Sterben einen nachhaltigen Eindruck. Auch ihre Mitschwestern waren sehr betroffen von der Art und Weise, wie Blandine ihr Sterben auf sich nahm.

Am Morgen des 18. Mai fragte Schwester Odilia, die Krankenschwester, Blandine: »Können Sie noch kommunizieren?« Sie bejahte diese Frage. Dann machte sie den kleinen Altar zurecht und holte die Blumen, die vor der Tür standen. Als sie wieder in das Zimmer trat, sagte Blandine: »Es wird mir so schlecht, richten Sie mich bitte einmal auf!« Schwester Odilia richtete sie auf. Da neigte Blandine den Kopf und man sah, dass der Tod bevorstand. Die Vorgesetzten wurden benachrichtigt. Blandine konnte nicht mehr sprechen. Sie hielt das Kreuz fest in der Hand und küsste es immer wieder. Als eine weitere Mitschwester das Wort, das sie immer am Ende eines Krankenbesuches ihr zusagte, nochmals aussprach: »Non sum sola, magister adest« (Ich bin nicht allein, der Meister ist zugegen), da nickte sie und lächelte. Kurz darauf stieß sie zwei kleine Seufzer aus und starb. Es war der Samstag vor Pfingsten. In Trier herrschte eine Gluthitze, so dass man den Sarg sofort schließen wollte. Doch die Leiche wurde dann doch im Bantushaus aufgebahrt. Der Arzt, der die Todesurkunde ausstellte, konnte sich überhaupt nicht vorstellen, dass sie an Tuberkulose gestorben sei. Er sagte: »Sie ist ja gar nicht abgemagert, einen solchen Fall habe ich noch nicht gesehen.«[43]. Während des Pfingstfestes kamen viele, die Schwester Blandine gekannt hatten, um sie noch einmal zu sehen und von ihr Abschied zu nehmen. Am Dienstag nach Pfingsten wurde sie dann beerdigt. Ein großer Zug von Priestern, Schwestern, Schülerinnen und Bekannten begleitete Blandine Merten auf ihrem letzten Weg zum Friedhof von St. Paulin in Trier. Zwei Tage vor ihrem Tod hatte sie noch in einer Betrachtung das Pauluswort zitiert: »Ich verlange aufgelöst zu werden, um bei Ihm zu sein.« (Phil 1,23) Und sie schrieb dazu: »Das ist jetzt auch mein Lied geworden, das Lied der Sehnsucht nach dem Bräutigam, der unser Ein und Alles ist. Doch bei diesem Thema angekommen, versagen die Worte, da gibt es nur schweigen, anbeten, lieben und schweigen, und Er, die ungeschaffene Liebe, gestaltet und vollendet nach Seinem Wohlgefallen.«[44] Blandine hatte sich in ihrer Krankheit vorbereitet für das Einswerden mit Christus. Und sie ging ihrem Sterben mit Freude entgegen. Denn sie vertraute darauf, dass im Tod ihre Sehnsucht nach dem Einswerden mit Christus und seiner göttlichen Liebe für immer erfüllt würde. So gibt sie einer Mitschwester den Rat:

»*O freuen Sie sich doch über alle Arbeit und Mühe, alle Opfer und Kämpfe, alle Demütigungen und Zurücksetzungen etc. ..., die Ihnen in diesem Jahre und in Ihrem Leben noch bevorstehen. Machen Sie doch aus allem und jedem eine Rose der*

Liebe für das Heilandsherz; auf diese Weise leben Sie das Leben im Himmel schon voraus, und der Tod wird Ihnen, ich kann es mir nicht anders denken, eine ewig dauernde Kommunion.«[45]

Was sie ihrer Mitschwester riet, hat Blandine auch selbst gelebt. Sie hat sich mit dem Apostel Paulus gefreut, an den Leiden Christi teilzuhaben. Dies war für sie ein Weg, die tiefe Gemeinschaft mit ihm zu erfahren. Und so konnte sie mit Paulus sagen: »Für mich ist Christus das Leben und Sterben Gewinn.« (Phil 1,21) Sie hat das Schwere, das sie im Orden erfahren hat, nicht als Belastung erfahren, sondern als einen Weg, sich allem hinzugeben und sich ganz für die Liebe Christi zu öffnen. Das ist auch für uns ein Schlüssel, wie wir mit dem Leiden umgehen, das uns trifft. Wir sollen dieses Leid nicht suchen. Aber wenn es uns widerfährt, hilft es nicht, nur zu jammern, dass das Leben so schlecht mit uns umgeht. Blandine gibt auch uns den Rat, aus dem, was unser Leben durchkreuzt, eine Rose der Liebe für Christus und so einen Akt der liebenden Hingabe zu machen. Dann werden wir die Widerfahrnisse und Leiden unseres Lebens anders erfahren, nicht als Gottferne, sondern als Ort der besonderen Nähe zu Jesus Christus und als Weg, uns in seine Liebe einzuüben.

II. Die Botschaft der seligen Blandine Merten

Blandine Merten hat ihren spirituellen Weg immer wieder reflektiert. Sie hat in zahlreichen Betrachtungen beschrieben, was ihr wichtig ist, woraus und wofür sie lebt. Doch die meisten Hefte, in die sie ihre Betrachtungen geschrieben hatte, ließ sie selber vor ihrem Tod verbrennen. Der Rest wurde von ihren Ordensoberen vernichtet, weil sie Angst hatten, der Nachlass der Verstorbenen könne ansteckend sein. Nur ein einziges Heft und einige kleine Zettel und die Briefe, die sie an Schwester Hermenegildis und an ihre leibliche Schwester Blanda geschrieben hatte, zeugen von ihrem inneren Weg. Weil ihre Sprache natürlich zeitbedingt ist, tun wir uns heute mit manchen Formulierungen schwer. Doch wenn wir zwischen den Zeilen zu lesen verstehen, dann erschließt sich uns eine Spiritualität, die uns auch heute noch viel zu sagen hat. So möchte ich versuchen, die Aspekte an ihrem geistlichen Leben herauszuarbeiten, die mir für uns heute bedeutsam erscheinen.

Seit Jahren haben die Klosterschulen einen großen Zulauf. In letzter Zeit haben sich viele klösterliche Schulen vernetzt. Sie möchten ihr Profil stärken und denken darüber nach, was ihre Pädagogik von den Bildungskonzepten in staatlichen Schulen unterscheidet. Hilfreich ist dabei sicherlich auch ein Blick auf Blandine Merten. Diese Frau war eine begeisterte Lehrerin. Ihr Beruf als Lehrerin stand noch vor dem Ordensberuf. Sie entwickelte zwar keine eigene Pädagogik, aber in den Beschreibungen der Schülerinnen können wir einige Aspekte sehen, die auch heute für viele Lehrer und Lehrerinnen einen Weg aufzeigen könnten. Heute ist der Lehrerberuf ja in eine Krise geraten. So bürdet man den Lehrern vieles auf, was das Elternhaus und die Gesellschaft heute nicht mehr zu leisten vermögen: eine gesunde Erziehung von Kindheit an, klare Normen, die Befähigung zu einem guten Miteinander. Auf der anderen Seite kritisieren heute Berufene wie Unberufene die Lehrer und projizieren ihre eigene Unzufriedenheit und Unsicherheit über die Zukunft unserer Gesellschaft auf die Lehrer. Da tut es gerade Lehrerinnen und Lehrern in klösterlichen Schulen gut, die eigene Identität zu klären und zu stärken. Daher soll gerade die Pädagogik von Blandine Merten besonders dargestellt werden.

Aber nicht nur Ordensleute und Lehrer in Ordensschulen können von Blandine lernen. Das Herausragende an ihr ist, dass ganz viele einfache Menschen zu ihr Zuflucht nehmen, sie um Hilfe in ihren alltäglichen Sorgen und Nöten bitten. Instinktiv spüren sie etwas Wesentliches an ihr: das Verständnis für jeden Menschen, die große Liebe gerade zu den Armen und Alleingelassenen, zu denen, die damals wie heute ausgegrenzt werden, und zu denen, die mit ihrem Leben nicht zurechtkommen. Für sie alle möchte ich einige Aspekte an ihrem Weg und ihrer Person aufzeigen, die uns Trost und Hoffnung spenden sollen.

1. *Der Weg der Liebe*

Immer wieder kommt Blandine auf die Liebe als ihrem zentralen Thema zu sprechen. In einer Betrachtung, die sie für Schwester Hermenegildis im Jahr 1917, also dem Jahr vor ihrem Tod, geschrieben hat, entschuldigt sie sich für diese Engführung: »Ich muss bald fürchten, Ihren Überdruss zu erregen, weil immer dasselbe Thema kommt. Ja, ich bin eine Johannesseele, die nur von Liebe zu reden weiß, und doch hat man zuzeiten auch andere Bedürfnisse.«[46] Blandine will in ihren Gedanken von der Liebe nur wiedergeben, was Johannes in seinem Evangelium und Paulus in seinen Briefen geschrieben haben. Und sie will den Akzent auf das Wesen des Christlichen legen. Der Weg, den Blandine selbst gegangen ist und den sie uns empfiehlt, hat große Ähnlichkeiten mit dem »kleinen Weg der geistigen Kindheit« der heiligen Therese von Lisieux (1873–1897). Sie hatte zwanzig Jahre zuvor gegen ein äußerst düsteres Gottesbild den Akzent auf die Liebe Gottes gelegt. Und sie hatte das komplizierte und oft genug lebensfeindliche asketische System, das damals die Orden bestimmte, über Bord geworfen und auf den Weg der Liebe gesetzt. Auch Blandine geht es nicht um besondere Werke, sondern darum, im Alltag die Liebe zu üben und alles Alltägliche als den Ort zu verstehen, an dem sie ihre Liebe zu Christus ausdrückt.

Und Blandine folgte in ihrer Betonung der Liebe als des zentralen christlichen Weges ihrer Ordensgründerin. Die heilige Angela Merici zitiert den berühmten Satz des Augustinus (354–430): »Liebe, und tue, was du willst!« Und sie fügt hinzu: »Habe leidenschaftliche und selbstlose Liebe, und du kannst tun, was dir gefällt ... Die Liebe kann nicht sündigen.«[47] Blandine kommt immer wieder auf die Selbstlosigkeit der Liebe zu sprechen. Sie wird nur möglich, wenn sie das Ich aufbricht für Gottes Liebe. Doch manchmal sind wir in Gefahr, dass wir vor lauter Zerbrechen des Ich auch die Kraft verlieren, die darin steckt. Deshalb muss die selbstlose Liebe die Leidenschaft integrieren und nicht abschneiden. Sie muss sich aus der Kraft nähren, die in unserem Ego steckt. Nur eine leidenschaftliche Liebe ist eine kraftvolle Liebe, eine Liebe, die die Menschen berührt und bewegt.

Wenn wir die Worte von Blandine über die Liebe lesen, so haben sie auch etwas Radikales an sich. Doch es ist eine Radikalität der Liebe und der Freiheit. Es ist keine bedrückende Spiritualität, wie sie damals meistens verkündet wurde, indem vor allem auf Abtötung und religiöse Leistung Wert gelegt wurde. So schreibt Blandine einmal: »Der liebende Gott braucht nicht hohe außergewöhnliche Werke; er will nur Liebe.«[48] Es sind also befreiende Worte, die Blandine in ihren Gedanken über die Liebe schreibt. In ihrer zeitbedingten Sprache scheinen uns manche ihrer Darlegungen zu überfordern, etwa wenn sie schreibt: »Ich werde in meinem Tagewerk so zu sein bestrebt sein, wie der in mir wohnende Heiland es verlangt, und nichts geben auf das eigene Ich mit allen seinen

Wünschen und Neigungen.«[49] Oder wenn sie sich im Frühjahr 1915 vornimmt: »Mein Eigenwille wird außer Dienst gesetzt; in mir soll nur der göttliche Wille leben und herrschen.«[50] Solche Worte klingen hart. Doch eigentlich wollen sie einladen zu einem Weg der Liebe und der inneren Freiheit von der Herrschaft des Ich. Es ist kein Angst machender spiritueller Weg, wie er damals oft genug von Geistlichen gefordert wurde, sondern ein Weg der immer größeren Liebe.

Es sind für mich vor allem drei Quellen, aus denen Blandine schöpft, wenn sie über die Liebe schreibt: das *Johannesevangelium*, die *Paulusbriefe* und die *Gestalt Mariens*.

Aus dem *Johannesevangelium* zitiert sie in ihrer Betrachtung aus dem Jahre 1917: »Er gibt ihr die schönsten Verheißungen: ›Wenn jemand mich liebt, wird er mein Wort halten, und ich werde ihn wiederlieben und mich selbst ihm offenbaren, – und, mein Vater wird ihn lieben, und wir werden zu ihm kommen und Wohnung bei ihm nehmen.‹«[51] In ihrer Meditation versteht Blandine diese Worte aus dem Johannesevangelium als Einladung, sich selbst als Wohnung der Liebe Gottes zu verstehen. Es ist letztlich eine mystische Auslegung der Worte Jesu. Die Liebe ist nicht in erster Linie eine Leistung, die wir zu erbringen haben. Vielmehr hat die Liebe Gottes in uns Wohnung genommen. Wenn wir in uns hineinschauen, dann stoßen wir nicht nur auf unsere Schattenseiten oder auf unsere Schuld, sondern vor allem auf die Liebe, die in uns wohnt. Das wird in den Worten

Blandines sichtbar, die unmittelbar auf das Zitat aus Joh 14,23 folgen:

»*O bevorzugte Ordensseele, Tabernakel des Allerhöchsten und traute Stätte des vertraulichen Lebens mit der ewigen Liebe, was kannst Du Besseres tun als lieben und dein armes, kleines Nichts in Seiner Unermesslichkeit verlieren. Er – das All – ich das Nichts – Er, das unendlich durch sich selbst notwendige Sein – ich, das Werk Seiner Finger zum Lobe der Herrlichkeit Seiner Gnade. In Ihn will ich mich versenken, vor Ihm in Liebe und Anbetung mich gänzlich vernichten und künftig nur mehr leben, um zu lieben und mich selbst zu einem Opfer der Liebe und des Lobes zu gestalten. – So werde ich die letzte Bitte meines göttlichen Bräutigams recht verstehen und ausführen: ›Bleibet in meiner Liebe!‹*«[52]

Diesen zentralen Text über die Liebe nach dem Johannesevangelium möchte ich etwas näher anschauen. Es sind *drei Gedanken*, die mich darin faszinieren. Der *erste* Gedanke: Wir sind Tabernakel Gottes. In uns ist ein Raum der Stille, in dem Gott in uns wohnt. Und er wohnt in uns mit seiner Liebe. So ist dieser innere Raum der Stille die »traute Stätte des vertraulichen Lebens mit der ewigen Liebe«. Die Liebe ist daher für Blandine in erster Linie ein Thema der Mystik. Wir dürfen mit dieser göttlichen Liebe zusammen leben. Es ist ein vertraulicher Umgang mit dieser Liebe, ein Genießen der Liebe, die in uns ist, die unserem Leben – so hat es uns Johannes in der Geschichte von der Hochzeit zu Kana erzählt (Joh 2,1–12) – einen neuen Geschmack verleiht, den süßen Geschmack eines köstlichen Weines. Meditation der Liebe heißt für Blandine nicht, sich mit dem Willen vorzunehmen, dass ich lieben möchte, sondern einzutauchen in den inneren Raum der Stille, in der Gottes Liebe in mir wohnt. Indem ich diese Liebe in mir spüre, die nicht aus eigener Kraft kommt, sondern mir von Gott geschenkt ist, wird auch mein Denken und Handeln von Liebe durchdrungen und geprägt. Die Liebe Gottes ist für Blandine nicht Ersatz für die menschliche Liebe. Aber mitten in den liebevollen Beziehungen zu Freundinnen und Freunden gibt es in uns einen Raum der Liebe. Hierhin können wir uns im Gebet zurückziehen, damit die Liebe zu den Menschen immer aus dieser inneren Quelle gespeist wird. Das befreit uns von der Abhängigkeit von anderen Menschen. Wenn ich die Liebe nur spüre, wenn ein Mensch mich liebt, werde ich von ihm abhängig. Wenn ich aber in mir die Quelle der Liebe entdecke, dann kann ich die Liebe eines Menschen genießen und ich werde fähig, ihn zu lieben, ohne ihn an mich zu binden.

Ein *zweiter* wichtiger Gesichtspunkt in Blandines Gedanken über die Liebe ist das positive Bild vom Menschen. Der Mensch ist von Gott »zum Lob der Herrlichkeit Seiner Gnade« geschaffen. Blandine führt hier weiter, was Irenäus von Lyon († 177) in die wunderbaren Worte gefasst hat: »Die Herrlichkeit Gottes – das ist der lebendige Mensch.« (Gloria dei – homo vivens) Sie sieht den Menschen also nicht in erster Linie als Sünder, sondern als Geschöpf Gottes, in dem seine

Schönheit offenbar wird. Wir loben Gott nicht nur, wenn wir in der Liturgie Psalmen oder Lieder singen, sondern auch, wenn wir lebendig und von der Liebe geprägt sind. Der lebendige Mensch ist Gottes Lob. Im Johannesevangelium sagt Jesus: »Mein Vater wird dadurch verherrlicht, dass ihr reiche Frucht bringt und meine Jünger werdet.« (Joh 15,8) Wenn ein Mensch aufblüht und wenn das, was er in die Hand nimmt, Frucht bringt, wird Gott verherrlicht.

Ein *dritter* Gedanke zur Liebe: Um lieben zu können, müssen wir das Ich loslassen. Hier stoßen wir oft auf Äußerungen, die uns heute eher abschrecken. Da spricht Blandine davon, dass sie das Ich gänzlich vernichten und zum Opfer der Liebe gestalten möchte. Ähnliche Stellen finden wir häufig in ihren Schriften. In einer Meditation aus dem Jahre 1909 zitiert sie das Wort des Thomas von Kempen: »Nur so viel wirst du voranschreiten, als du dir Gewalt antust.« Und sie schreibt dazu:

»Zunächst wird die Liebe uns lehren, die kleinen täglichen Widerwärtigkeiten, die uns von unserm Nächsten, von unserer eigenen Gebrechlichkeit oder von der Vorsehung selbst bereitet werden, ihr freudig zum Opfer zu bringen. Bekanntlich sind Opfer der Brennstoff der Liebe, sie wächst dadurch und verlangt mehr Nahrung. Die Seele greift nach selbstgewählten Abtötungen.«[53]

Blandine ist überzeugt, dass wir nur lieben können, wenn wir frei werden von unserem eigenen Ich. Daher sind die täglichen Konflikte, das

Nichtverstandenwerden, das Über-sich-Hinausgehen ein wichtiges Übungsfeld für die Liebe. Heute würden wir sagen: Wir können den anderen nur lieben, wenn wir uns selbst lieben. Damals war man überzeugt: Die Liebe verlangt die Freiheit vom Ich, das um sich selbst kreist und unfähig ist zu lieben. In beiden Aussagen steckt ein Stückchen Wahrheit. Beide Aussagen gehören zusammen. Wenn eine Aussage absolut gesetzt wird, dann wird unsere Spiritualität einseitig. Manche reduzieren die Liebe zum Nächsten auf ihre Selbstliebe. Da aber ihre Selbstliebe auch meistens nicht sehr groß ist – sie lieben oft nur eine Illusion von sich selbst, aber nicht die eigene Wirklichkeit –, bleibt ihre Liebe zum Nächsten oft recht bieder und bürgerlich. Blandine war dagegen von einer Liebe geprägt, die über sich hinauswuchs. Ihre Ausstrahlung auf die Mitmenschen zeigte, dass sie in ihrer »Opfer-Spiritualität« nicht aggressiv mit sich selbst und mit anderen umging. Vielmehr wurde sie von dem Kreisen um sich selbst frei und fähig, den anderen zu lieben, auch wenn der nicht von sich aus liebenswert war. Entscheidend ist immer, welche Auswirkung meine Spiritualität auf die Menschen hat. Es gibt auch eine Spiritualität der Abtötung, die verletzend mit sich selbst und mit den Menschen umgeht. Von ihr geht oft eine versteckte Aggression aus. Nach außen hin ist man freundlich, aber dahinter steckt viel Lebensverneinung und Anfeindung. Von Blandine ging Liebe aus. Für sie war es entscheidend, durch die Verzichte und durch die Annahme der Verletzungen, die ihr von den Mitschwestern zugefügt wurden, frei vom Ich und somit fähig für eine Liebe zu werden, die selbstlos ist und der Liebe Jesu Christi entspricht.

Diesen dritten Gedanken aus der Meditation, dass wir unser Ich kreuzigen müssen, um lieben zu können, sieht Blandine beim *Apostel Paulus* bestätigt:

»Gestern las ich in St. Paulus: ›Mit Christus bin ich gekreuzigt‹, ein abschreckendes Wort für die Natur, wenn man aber näher zusieht, was den heiligen Apostel dazu veranlasst, den ganzen Menschen äußerlich und innerlich so zu verleugnen, zu vernichten, an den Pranger zu stellen, dass er dem ebengenannten Ausspruch noch beifügen konnte: ›Nicht mehr ich lebe, sondern Christus lebt in mir!‹ Es war nur die Liebe. Ja, die feurige, großangelegte Paulusseele kennt nichts Erhabeneres und Besseres als die Liebe. Seine klangvollsten und mächtigsten Akkorde, die wir im heiligen Buche finden, besingen die Liebe in ihrer Wechselbeziehung vom ungeschaffenen ewigen Sein zu den Tiefen des Nichts und umgekehrt.«[54]

Die Maßstäbe des Ich müssen erst durchkreuzt, aufgebrochen werden, damit wir fähig werden zur göttlichen Liebe. Blandine spricht oft vom Opfern und Vernichten des Ich. Doch das ist nur ein Aspekt der Liebe. Wir wachsen über die Enge des Ego nicht in erster Linie durch die Askese hinaus, sondern indem wir uns immer mehr in diese Liebe hineinversenken. So schreibt sie in einer Meditation aus dem Jahre 1909:

»›Wachset in der Erkenntnis der Liebe Christi, die alles Erkennen übersteigt‹, sagt der Apostel. Um zu einer innigen, tatkräftigen Liebe zu gelangen, muss man zuerst die unbegrenzte Liebe Jesu, die Ihn für uns zum Toren machte, in ihren ungemessenen Tiefen und Abgründen zu betrachten suchen, man muss dieser Liebesglut sich aussetzen und sie auf sich wirken lassen. So schmilzt unfehlbar das Eis unseres Herzens, und unsere so selbstsüchtige und durch die eigene Sündenlast so gedrückte Natur, sie lebt neu auf. Die Liebe ist gleichsam eine neue Atmosphäre, in der die Seele sich zu ungeahnter Schönheit und Größe entfaltet und das Herz Gottes erfreut. In der Liebe wandelt sie auf Höhenpfaden als das geliebte Kind der ewigen Liebe, das nur mit der Fußspitze die Erde berührt, mit Herz und Geist jedoch jetzt schon im Himmel weilt. Es ist klar, dass unsere Liebe diese Höhe und Vollendung nicht in einem Tage erreichen kann. Die Liebe wächst mit der Erkenntnis und die Erkenntnis mit unserer Opferfreudigkeit.«[55]

Es gibt also zwei Wege, in die Liebe hineinzuwachsen: zum einen die Betrachtung der Liebe Gottes. Sie wurde uns in Jesus offenbar, in seinen Worten zu uns, aber vor allem in seiner Passion und in seinem Tod am Kreuz, den er für uns aus Liebe starb. Indem wir diese Liebe meditieren, durchdringt sie nicht nur unser Denken und Handeln, sondern auch unser Unbewusstes. Durch die Meditation der Liebe Gottes, wie sie uns in Jesus Christus sichtbar erschienen ist, kommen wir zum einen in Berührung mit der Liebe, die auf dem Grund unserer Seele schon in uns ist. Zum anderen wachsen wir durch die tägliche Übung in die Liebe hinein, so dass wir über uns hinauswachsen, dass wir nicht stehen bleiben bei der Enge unseres Ego mit seinen egozentrischen Wünschen. Die Liebe ist keine Leistung. Sie beglückt uns. Aber es gibt einen Übungsweg der Liebe. Und bei diesem Training müssen wir – ähnlich wie ein Sportler – uns einiges auferlegen, damit wir frei von der Herrschaft des Ich werden und fähig zu einer Liebe, die unser Herz weit macht.

Die dritte Quelle, aus der Blandine ihre Gedanken über die Liebe schöpft, ist die Meditation der *Gestalt Mariens*. Im Jahre 1917 schreibt sie in einer Betrachtung zum Marienmonat Mai: »Morgen ist der 1. Mai. Wir wollen ein Leben der Liebe leben, in dem uns unsere himmlische Mutter Vorbild sein kann. In ihr finden wir alles vereint, was uns bewegen kann, ihr unser ganzes Herz in Liebe weit zu öffnen. Ihr Leben war so einfach, ganz gewöhnlich.«[56] Maria ist für Blandine vor allem ein Vorbild einer Liebe, die in einem ganz gewöhnlichen und unscheinbaren Leben praktiziert wird. Immer wieder kommt Blandine auf diesen Gedanken zurück. Zum Fest der Verkündigung Mariens im Jahre 1917 schreibt sie:

»Das Leben Marias war ein ganz gewöhnliches. Hätte ihre Umgebung etwas Außergewöhnliches wahrgenommen, die Heilige Schrift würde es berichtet haben. Sie aber sagt von ihr: ›Ist dieser nicht des Zimmermanns Sohn; dessen Vater und

Mutter wir kennen.‹ Maria sollte wohl das hehre Vorbild aller Seelen werden, die Jesus im Dunkel des Glaubens suchen. Wenn wir uns ihre Angst und Schmerzen vorstellen, diese Ungewissheit, diese Proben der Geduld, der Ergebung, der gänzlichen Hinopferung an den göttlichen Willen, dann ist unser kleines Kreuz ein Nichts.«[57]

Es sind *zwei Gedanken*, die mich in diesem Text berühren. Da ist *zum ersten* die Alltäglichkeit der Liebe. Hier trifft sich der Weg der Liebe, wie ihn Blandine in Maria verwirklicht sieht, mit dem »kleinen Weg« der Therese von Lisieux. Es geht nicht um außergewöhnliche Werke der Liebe, sondern um die tägliche Einübung der Liebe. Blandine versteht diese Einübung in die Liebe ganz konkret. Indem ich nicht sofort meiner Neigung nachgehe, sondern mich auf den anderen, der mich gerade anspricht, einlasse, übe ich mich in diese Liebe ein. Für Blandine sind es gerade die täglichen Enttäuschungen und Widerwärtigkeiten, an denen sich unsere Liebe bewähren soll. Ich kann über die Enttäuschungen jammern und darüber klagen, dass die Mitschwestern oder Mitbrüder oder die Nachbarn mich nicht verstehen und mich so unfair behandeln. Oder ich kann durch solche Enttäuschungen aufgebrochen werden für die Liebe, die mir in Jesus Christus begegnet ist. Blandine meditiert den Satz Jesu aus der Szene mit der Samariterin am Jakobsbrunnen: »Gib mir zu trinken!« (Joh 4,7):

»Er wünscht einen Trunk von mir. Gar vielerlei ist darin eingeschlossen, nur ein aufmerksames,

einsames Ohr wird es verstehen. Er verlangt meine Liebe ausschließlich, mein ganzes Selbst in vollkommenem Vertrauen ihm hingegeben. Er dürstet nach den kleinen Abtötungen, die Er heute auf meinen Pfad gestreut, nach den Enttäuschungen und Widerwärtigkeiten, die Seine Liebe mir bereitet hat.«[58]

Jesus wartet darauf, dass ich mich durch alles, was mir heute geschieht, für seine Liebe aufbrechen lasse und diese Momente der Enttäuschung und Verletzung mit seiner Liebe verwandle.

Der *zweite Gedanke*, den Blandine von Maria lernt, ist: Maria ist das Vorbild derer, die Jesus im Dunkel des Glaubens suchen. In einer Meditation über die Liebe schrieb sie, dass die Liebe ihr Leben aus dem Glauben schöpfe. Der Glaube ist gleichsam die übernatürliche Atmosphäre, in der die Liebe gedeiht:

»Der Glaube ist aber dunkel, er ist auch helles Licht, das uns im voraus ins Heiligtum schauen lässt. Er ist Substanz und Wahrheit; darum hindert sein Dunkel auch die Entfaltung der Liebe nicht, dieser Tropenblume, die nur blüht unter dem Einfluss jener Sonne, von der St. Johannes sagt: ›Gott ist die Liebe!‹ Gerade das Dunkel des Glaubens soll unsere Liebe prüfen, läutern und zur höchsten Reinheit und Vollkommenheit führen.«[59]

Die Dunkelheit des Glaubens kann sich auf verschiedene Weise ausdrücken. Wir spüren sie auch in der Alltäglichkeit unseres Lebens. Oft müssen wir alleine den Weg des Glaubens im Dunkeln gehen. Von Gott und seiner Liebe ist dann oft nur wenig zu spüren. Der Glaube ist aber – wie

Blandine schreibt – nicht nur Dunkel, sondern auch Licht. So können wir durch den dunklen Alltag hindurchsehen und am Ende der Finsternis schon das Licht der Liebe entdecken.

Unser Alltag spiegelt oft nichts von der Liebe wider, von der Blandine so schön schreibt. Dennoch sind die Gedanken über die Liebe nicht weltfern. Allerdings bedarf es des Glaubens, um in unserer Angst und in unseren Schmerzen nach Jesus zu suchen, also nach der Liebe, die unser Leben verwandelt. Wir spüren die Liebe nicht, wenn uns jemand verletzt. Da braucht es den Glauben, der uns die Verletzung anders deutet: Die Verletzung tut weh. Sie trifft unsere empfindliche Stelle. Aber dort, wo wir empfindlich sind, sind wir auch offen für die Liebe. Dort sehnen wir uns nach einer Liebe, die stärker ist als die täglichen Nadelstiche, die uns die Mitmenschen bereiten. Die Dunkelheit des Glaubens, von der Blandine spricht, erdet ihre Gedanken über die Liebe. Mitten in der Banalität des Alltags geht es darum, in allem an die Liebe zu glauben und nach ihr im Dunkel des Glaubens zu suchen. Dann verstehen wir das Geheimnis Mariens, die im Verborgenen glaubte und liebte.

In dem Wort vom Dunkel des Glaubens kommt zum Ausdruck, dass auch für Blandine ihr geistlicher Weg nicht immer ein Höhenweg war, sondern auch durch die Tiefen menschlicher Dürre und Trockenheit ging. Und er führte sie durch manche Dunkelheit, da Gott sich für sie verdunkelte. Das wird in folgendem Text besonders deutlich:

»Wenn der Herr sehen will, ob wir mehr seinen Trost als Ihn selbst suchen, dann heißt es durchhalten. – Sich selbst hassen und verleugnen ohne jede fühlbare Stütze, ohne Halt und Trost weder von Gott noch von den Menschen, das ist schwer, sehr schwer. Nur die Gnade kann uns helfen; sie tut es auch, wenn wir unsere ganze Kraft einsetzen. Nur so geht die Seele ein in die reine Liebe. Sie erkennt ihre eigene Nichtigkeit; dann schwinden die Selbstschätzung, die Eigenliebe, die unnötigen Rückblicke auf sich selbst und die Empfindlichkeit.«[60]

Hier spüren wir, dass Blandine nicht einfach aus sich heraus unbelastet lieben konnte. Es war auch für sie ein schwerer Kampf, immer wieder mit der eigenen Ohnmacht konfrontiert zu werden und Zeiten der Trostlosigkeit zu durchleben. Aber gerade diese Trostlosigkeit und Leere waren für sie der Weg, die Liebe zu läutern und frei zu werden von den Projektionen der eigenen Bedürfnisse auf Gott. Die Liebe wird im Dunkel immer größer und stärker. Und sie will im Verborgenen gelebt werden. Man kann mit ihr nicht angeben.

Um diese Liebe im Verborgenen zu beschreiben, zitiert Blandine das Wort aus dem Kolosserbrief (Kol 3,3): »Ihr seid ja gestorben, und euer Leben ist verborgen mit Christus in Gott.« Dazu schreibt sie:

»Wie lebt die wahre Liebe? Sie ist bescheiden, sie ist verborgen. Sie liebt das Grobe, Einfache, Gewöhnliche, wie es alle haben und tun. Sie selbst ist es, die all ihre Werke golden macht.

Der liebende Gott braucht nicht hohe, außergewöhnliche Werke. Er will nur Liebe. Im Hohenlied heißt es: ›Du hast mein Herz verwundet, meine Schöne, mit einem deiner Haare.‹ Was ist kleiner und bedeutungsloser als ein Haar? Will Gott damit nicht sagen, wie überaus wohlgefällig und wertvoll die kleinste Handlung in seinen Augen wird, die wir aus Liebe verrichten?«[61]

Aus welcher Übersetzung dieses Zitat aus dem Hohenlied stammt, lässt sich nicht genau sagen. In unseren heutigen Bibelübersetzungen ist dieses Wort so nicht zu finden. Doch für Blandine ist es ein Bild geworden, dass gerade das Gewöhnliche, Unscheinbare und Verborgene der Ort ist, an dem die Liebe sich bewährt und sichtbar werden möchte. Maria ist Vorbild für eine Liebe, die langsam im Dunkel des Glaubens wächst. Gerade in den Enttäuschungen, als Maria ihren Sohn im Tempel suchen muss oder als sie ihm auf dem Leidensweg begegnet und unter seinem Kreuz steht, reift sie zu einer Liebe heran, die das ganze Leben verwandelt.

2. Alles ist mir Himmel: Der Weg der Mystik

Blandine kannte die spirituelle Literatur ihrer Zeit. Angetan war sie von den Gedanken des französischen Jesuiten Gustave de Ravignan (1795–1858), der in Paris ein berühmter Prediger und geistlicher Begleiter war und viele Fernstehende wieder für das Christentum gewann. Sie schreibt an ihre Mitschwester Hermenegildis: »Ich las gestern von der ›fixen Idee‹ des Père de Ravignan und dachte mir, es wäre sehr schön, wenn wir beide wieder einmal so einen Polarstern ins Auge fassten, das gäbe uns Halt und Kraft in Sturmes Wut und sicheren Schutz vor unserer eigenen Schwäche und Armseligkeit!«[62] Ihre eigene »fixe Idee« fand sie in dem Wort »Alles ist mir Himmel«. Das Wort erfand sie nicht selbst. Vielmehr entdeckte sie es in einem Artikel, der diese Überschrift trug.

Blandine verfasste im Juni 1909 eine Meditation mit der Überschrift »Alles ist mir Himmel!«. Darin schreibt sie:

»Alles ist mir Himmel! Das will sagen: ›Mein Himmel ist der Wille Gottes!‹ In ihm bin ich dergestalt verloren, habe ich mich so vollständig vergessen, dass Er allein mich umgibt, alle Dinge, alle Geschöpfe und Ereignisse von Ihm mir reden und ich nichts Höheres, Schöneres, Liebenswürdigeres, Besseres im Himmel und auf Erden kenne und erstrebe als Ihn allein. Der Wille Gottes ist mir Nahrung, Erholung, Freude und Seligkeit. Er ist mir auch Kampf, Läuterung, Heiligung und das Schwert zur eigenen Hinopferung. Soll der Wille

Gottes mir hier auf Erden schon Himmel sein, so setzt das voraus: 1) ein Leben aus dem Glauben, 2) ein Leben der Liebe. Es hat zur Grundlage vollkommene Selbstverleugnung, vollkommene Liebe und vollkommene Hingabe.«[63]

Wenn ich in dem, was mir widerfährt, Gott an mir handeln sehe, und wenn ich in dem, was mein Leben durchkreuzt, nach dem Willen Gottes frage, dann wird mir der Alltag zum Himmel. Denn in allem, was ich tue und denke, in allen Begegnungen und in jeder Arbeit geht es letztlich darum, nach Gottes Willen zu fragen. Denn wenn ich für ihn offen bin, dann öffnet sich über mir der Himmel. Der Horizont über meinem Leben weitet sich. Mein Leben atmet den Geschmack der Freiheit. Jede Kleinigkeit des Alltags, die mir widerfährt, bricht mich auf für Gott und öffnet über mir den Himmel. So wird auch das Banale des täglichen Lebens zu einem Ort, an dem ich Gott begegne und mir der Himmel von Gottes Liebe aufstrahlt.

Wie konkret der Himmel im Alltag über unserem Leben aufgeht, beschreibt sie unter der Überschrift »Leben aus dem Glauben«: »Der Glaube ist eine übernatürliche Atmosphäre, die mich in allen Dingen und Geschöpfen Gott sehen lässt, die mir die unangenehmen und schmerzlichen Ereignisse, die Enttäuschungen, Demütigungen, Leiden aller Art als Beweis der Liebe einer allmächtigen Hand zeigt, die mich retten und heiligen will.«[64] Im Glauben kann Blandine also alles mit neuen Augen sehen. Damit wird sie dem Glaubensbegriff des Johannesevangeliums gerecht. Für Johannes ist Glauben: sehen, was ist; das Eigentliche sehen; Gott in allem sehen. So erkenne ich: in allem, was mir widerfährt, auch wenn es schmerzlich ist, berührt mich Gottes Liebe und möchte mich immer mehr für die unbegreifliche Liebe Gottes aufbrechen. Im Glauben höre ich auf, an den Demütigungen und Leiden zu zerbrechen. Sie öffnen mich vielmehr für eine andere Dimension der Liebe, für Gottes Liebe. Gerade dort, wo das rein Menschliche zerbrochen wird, kann sich der Himmel über mir öffnen. Dann erlebe ich in allem, was mir begegnet, den Himmel. Denn in allem geht es darum, mich in Gottes Willen hinein zu ergeben.

»Alles ist mir Himmel« – Dieses Motto bedeutet für Blandine, den Himmel mit der Erde zu verbinden, den Himmel herabzuziehen, damit er aufgeht über all dem Irdischen des Lebens: »Soll die Erde jetzt schon Himmel sein, so muss ich auf der Liebe Höhenpfaden den Himmel in mich hinabziehen und in mir festhalten durch ein vollkommenes Brandopfer, das ich mit meinem Selbst darbringe.«[65] Die Liebe ist es, die den Himmel nicht nur auf die Erde herabzieht, sondern auch in uns hineinzieht. Der wahre Himmel ist in uns. Damit kommt Blandine dem Ausspruch des deutschen Mystikers Angelus Silesius (1624–1677) nahe: »Wo läufst du hin? Der Himmel ist in dir. Suchst du ihn anderswo, du fehlst ihn für und für.« Doch die Art und Weise, wie der Himmel in uns ist, widerspricht unseren Erwartungen. Für Blandine ist es wieder die Selbstüberwindung, das Opfer des eigenen Selbst, der Tod der Eigenliebe. Das sind große Worte. Doch klar ist, dass wir den Himmel nicht für uns und die Steigerung unseres Selbstwertgefühls vereinnahmen können. Der Himmel geht nur dann über uns und in uns auf, wenn wir frei werden von der Herrschaft des Ich. Das Reich Gottes ist in uns. Es bedeutet also, dass Gott und nicht das Ego in uns herrscht. So drückt Blandine in Worten, die uns heute übertrieben vorkommen, doch eine wesentliche Botschaft des christlichen Glaubens aus: dass Gott in uns herrschen und die Herrschaft des engen und gierigen Ich entmachten soll. Himmel bedeutet immer auch Freiheit von der Knechtschaft des Ego, innere Klarheit und Lauterkeit, Freiheit und Weite.

Mit ihrem Motto »Alles ist mir Himmel« beschreibt Blandine das Geheimnis einer christlichen Mystik. Dies entspricht auch dem Grundsatz »In allen Dingen Gott suchen« des Ignatius von Loyola (1491–1556). In allem kann uns Gott begegnen. Über all dem Irdischen geht der Himmel auf. Es ist eine geerdete Mystik, die mitten im Alltag geschieht. Gott erfahre ich demnach über die Sinne, über den ganz konkreten behutsamen Umgang mit den Dingen und über die Achtsamkeit den Menschen gegenüber. In unseren täglichen Begegnungen öffnet sich mir der Himmel, wenn ich damit rechne, dass mir in jedem Menschen Christus begegnet.

Aber diese Mystik kennt auch das Sichzurückziehen in den inneren Raum der Stille, wie es heute vor allem von spirituellen Autoren als Kennzeichen echter Mystik beschrieben wird. In ihrem Tagebuch schreibt Blandine 1915 zu Beginn des Advents:

»Es ist auch Zeit für mich, ›in die Ewigkeit hineinzuwachsen‹ und jetzt auf Erden zu beginnen, was ich dort ewig tun soll. In dieser Adventszeit will ich – allein mit meinem Heilande – in jene Wüste mich einschließen, in der nur Gott mit Seinem anbetungswürdigen Willen herrscht. Die Welt, die Eigenliebe und selbst der Teufel werden dort keinen Eintritt haben, weil jedes Ding und Ereignis, als Ausfluss des göttlichen Lebens angenommen, einzig und allein Ihm zu steten Lobe zurückgegeben werden. Er selbst wird mein Herz zu Seiner Ankunft bereiten und dort aufblühen lassen, was Ihm darin gefällt.«[66]

Hier spricht Blandine von der inneren Wüste, von dem inneren Raum der Stille, zu dem die Welt keinen Zutritt hat, zu dem die Menschen mit ihren Erwartungen und Ansprüchen, ihren Urteilen und Verurteilungen nicht vordringen können. Es ist auch der Raum, in der die Eigenliebe, also Selbstlob, Selbstverurteilung und Selbstentwertung, keinen Zutritt hat. Und es ist der Raum, der frei ist vom Bösen, von Schuld und Schuldgefühlen. Es ist Ort des Schweigens, in dem einzig Christus in mir wohnt und Gottes Wille in mir herrscht. Das ist das Reich Gottes, das nach einem Wort Jesu schon in uns ist (vgl. Lk 17,21). Blandine spricht vom anbetungswürdigen Willen Gottes. Manche Menschen erschrecken, wenn sie vom Willen Gottes hören. Denn sie schauen von ihrer eigenen

Lebensgeschichte her auf diesen Willen mit Angst, als ob es eine reine Willkür sei, die ihren Willen zerbrechen würde. Doch nach einem Wort des heiligen Paulus ist der Wille Gottes unsere Heiligung (1 Thess 4,3). In dem Raum der Stille können wir in Übereinstimmung kommen mit unserem wahren Wesen, können wir heil und ganz werden. Dann erscheint uns der Wille Gottes eben nicht mehr als willkürlich und unseren Willen zerbrechend, sondern als heilend und heilsam. Mystik ist für Blandine der Weg in die wahre Freiheit und zu unserem wahren Wesen. In der Mystik erfahre ich nicht nur Gott als das anbetungswürdige Geheimnis, sondern auch mich selbst in meiner Wahrheit. Mystik ist Einswerden mit Gott und zugleich Einswerden mit mir selbst.

3. *Neue Wege der Pädagogik*

Blandine Merten hat wenig über ihre eigene Pädagogik geschrieben. Wie sie ihr Lehrerinnendasein verstanden hat, das können wir einmal aus den Texten von Angela Merici erkennen, die Blandine immer wieder meditiert hat, und zum andern aus den Beschreibungen ihrer früheren Schülerinnen entnehmen. Auch wenn da manche Zeugnisse die Lehrerin aus früher Zeit verklären, so können wir doch Wesentliches aus diesen Eindrücken für eine Pädagogik erkennen, die heute die Ordensschulen von den vielen anderen Schulen, die mit ihnen in Konkurrenz stehen, auszeichnen könnte.

In den pädagogischen Grundsätzen von Angela Merici begegnen mir vor allem *drei Haltungen*: die Achtung vor der Würde und vor der Einmaligkeit der Schülerin; die Güte und Liebe zu jeder Einzelnen sowie die gerechte und gleichmäßige Behandlung aller. Die *erste Haltung* drückt sich in dem Wort aus: »Bedenkt also, dass Ihr sie werthalten müsst wie einen kostbaren Schatz.«[67] In jedem Kind steckt ein Schatz, etwas, das Gott selbst in das Kind hineingelegt hat. Schatz ist in der Bibel immer ein Bild für das wahre Selbst. So bittet Angela Merici ihre Gefährtinnen, dass sie die Einmaligkeit jeder einzelnen Person ernst nehmen und achten: »Bedenkt Eure Verantwortung für jede Eurer Töchter. Nicht nur ihr Name, auch Verhältnisse, Stand und die ganze Veranlagung einer jeden einzelnen soll Eurem Herzen tief eingeprägt sein.«[68] Die Lehrerin soll sich in jedes

Kind hineindenken und ihre persönliche Geschichte mit all den Verletzungen meditieren, um ihm gerecht zu werden.

Ein *zweiter wichtiger Gesichtspunkt* bei Angela Merici ist die von der Liebe und Güte als der wahren Pädagogik: »Seid gütig und freundlich gegen Eure lieben Töchter, und bemüht Euch darum, dass nur die Liebe zu Gott und der Eifer für die Seelen Euch bewegen, wenn Ihr sie ermahnt, beratet, zum Guten ermuntert oder vom Bösen abhaltet. Denn durch liebreiche Freundlichkeit werdet Ihr mehr erreichen als durch Härte und strengen Tadel, die man nur für eine wirkliche Notwendigkeit vorbehalten soll. Und selbst dann tadele man nie ohne Rücksicht auf Ort, Zeit und die jeweilige persönliche Eigenart. Nur die Liebe, die in allem auf die Ehre Gottes und das Heil der Seelen sieht, lehrt diese Unterscheidung und lenkt das Herz, jeweils dem Ort und der Zeit entsprechend mit mehr Milde und Strenge zu verfahren, wie es gerade notwendig ist.«[69] Wenn die Liebe die Grundkraft der Lehrerin ist, dann vermag sie genau zu erkennen, was für die einzelne Schülerin gut ist. Sie muss aber zugleich ein gutes Gespür für die jeweilige Situation haben. Die Pädagogik, von der Angela Merici spricht, ist nicht abstrakt, sondern situationsbezogen. Damit nimmt sie viel vorweg, was heutige pädagogische Konzepte in einer anderen Sprache ähnlich formulieren.

Ein *dritter Grundpfeiler* in der Pädagogik Angela Mericis ist die gerechte Behandlung aller Schülerinnen: »Liebt Eure jungen Töchter gleichmäßig;

zieht nicht eine der andren vor; denn alle sind Gottes Geschöpfe, und Ihr wisst nicht, was Er aus ihnen machen will. Denn woher wollt Ihr wissen, ob nicht die, die Euch am niedrigsten und geringsten erscheint, einmal vor Seiner göttlichen Majestät die großmütigste und wohlgefälligste sein wird. Wer könnte auch urteilen über die Herzen und die geheimen Gedanken der Menschen?«[70] Hier geht es nicht nur um die Forderung nach Gerechtigkeit als wichtiger Tugend des Lehrers, sondern auch um die Begründung dafür. Ich soll keine Unterschiede in der Behandlung der Menschen machen, weil ich den einzelnen Schüler nicht wirklich zu beurteilen vermag. Ich sehe nur die Oberfläche und weiß nicht, was Gott mit diesem jungen Menschen vorhat. Der Glaube an Gottes Möglichkeiten mit diesem einmaligen Menschen führt zu einem behutsamen Umgang mit ihm. Blandine verwirklichte diese Achtsamkeit und Behutsamkeit, die Liebe und die Gerechtigkeit in ihrer Pädagogik. Sie verinnerlichte, was ihre Ordensgründerin den Schwestern vierhundert Jahre zuvor ans Herz gelegt hatte.

Die zweite Quelle, aus der wir die Pädagogik Blandine Mertens erkennen, sind die Zeugnisse der Schülerinnen. Immer wieder sprechen sie davon, dass die Schwester eine natürliche Autorität besaß. Die Kinder hörten auf sie, offensichtlich hatte sie keine Disziplinschwierigkeiten. Nun war die Disziplin am Anfang des 20. Jahrhunderts im Vergleich zu heute kaum ein Problem. Doch entscheidend ist, wie sich Blandine Merten Autorität verschaffte. Sie hatte es nicht nötig, hart durchzugreifen oder zu bestrafen. Ihre Autorität war eine gleich bleibende und zugleich immer gerechte Strenge. Die Schülerinnen wussten, woran sie bei Blandine Merten waren. Werte, auf die sie Acht gab, waren Pünktlichkeit und Genauigkeit, Zuverlässigkeit in dem, was man zusagte und tat. Wenn es um diese Werte ging, konnte Blandine Merten konsequent sein. Und diese klare Konsequenz hatte ihre positive Auswirkung auf die Schülerinnen. Sie kannten die Grenzen und respektierten sie. Dass dagegen eine grenzenlose Pädagogik für die Kinder Gift ist, haben wir in den Versuchen der 68er-Generation erkannt. Kinder brauchen Grenzen, um wachsen zu können. An den Grenzen entsteht Reibung. Und wo Reibung ist, ist Wärme. Ohne Grenzen erfahren die Kinder jedoch nur Kälte. Sie brauchen die Grenzen, um die Wärme und die Liebe zu spüren, die sie ernst nimmt und ihnen etwas zutraut.

Ein anderer Zug wird deutlich: Blandine Merten hatte es nicht nötig, sich den Kindern anzubiedern. Sie wusste immer die eigene Grenze zu wahren. Eine frühere Schülerin schreibt: »Sie hat sich von Unklugheiten im Verkehr mit den Schülerinnen frei gehalten. Sie hat mich als liebebedürftiges Kind, das immer ferne der Mutter war, gut verstanden und war doch sehr zurückhaltend.«[71] Es gibt immer auch Lehrer, die ihre eigenen Bedürfnisse an den Kindern ausleben. Sie brauchen die Kinder für sich. Blandine Merten liebte dagegen die Kinder. Sie taten ihr gut, aber sie benutzte sie nie für sich. Diese innere Freiheit, für die Kinder da zu sein und sie nicht für die eigenen Bedürfnisse zu missbrauchen, ist die Bedingung jeder guten Pädagogik. Das klingt selbstverständlich, ist es aber in der Realität nicht immer. Kinder suchen heute wieder Autorität. Sie brauchen keine autoritären Lehrer. Autoritär verhält sich derjenige, der keine wirkliche Autorität besitzt. Autorität kommt vom lateinischen »augere« und bedeutet »wachsen«. Wer Autorität hat, der trägt zum Wachstum der Schüler bei. Er steht mit seiner Person für sie ein. Er steht zu sich und zu seinen Werten. An ihm können die Schüler lernen, was trägt und worauf sie sich verlassen dürfen. Solche natürliche Autorität ist nicht einfach angeboren. Sie wird erworben, wenn wir ganz wir selbst sind, wenn wir uns ausgesöhnt haben mit uns und unserer Lebensgeschichte und zu unseren Stärken und Schwächen stehen. Andere erziehen kann nur der, der sich selbst zu führen vermag. Die lateinischen Wörter für »führen« (»ducere«) und »erziehen« (»educare«) sind eng miteinander verwandt. Denn Erziehen heißt, das, was im anderen steckt, herauszuführen und ans Tageslicht zu bringen. So kann das Kind das, was in ihm steckt, am besten entfalten.

Eine Lehrerin hatte die junge Lehrerin Maria Merten im Unterricht beobachtet und schrieb: »Die Kinder hatten, nach ihrem Benehmen zu schließen, großes Vertrauen zu ihr; sie schauten so willig zu ihr auf. Ja, es machte den Eindruck, als wollten sie etwas aus ihr ›herausholen‹, als wollten sie sagen: ›Führe mich!‹ Sie hingen sehr an ihrer Lehrerin. Maria bewahrte aber den Kindern gegenüber stets ihre Autorität.«[72] Wahre Autorität gibt es dann, wenn die Kinder von sich aus geführt werden möchten, wenn sie spüren, dass sie von der Lehrerin etwas lernen können. Und Erziehen heißt für den Lehrer: das Leben, das in den Kindern steckt, wecken und zur Blüte bringen. Dazu braucht es einmal den Glauben an das Gute und an die Fähigkeiten im Kind. Der Glaube weckt das Leben. Und es braucht außerdem Phantasie, um den Schlüssel zu jedem einzelnen Kind zu finden. Ich brauche den Schlüssel, der das Potenzial, das gerade in diesem Kind steckt, aufzuschließen.

Ihre Autorität übte Blandine Merten nicht mit Strafmitteln aus, sondern mit ihren Augen: »Mit dem Leuchten ihrer Augen hielt sie die Kinder in Bann.«[73] Es gibt manche Lehrer, die ihre Kinder mit ihren Augen in Bann halten. Aber oft sind es streng blickende Augen, die alles im Blick haben und kontrollieren. Doch so auf die Kinder zu schauen ist anstrengend. Der Lehrer ist dann wie ein Dompteur, der ständig auf diejenigen schauen muss, die gerade unruhig sind. Andere Lehrer haben dagegen einen vorwurfsvollen Blick. Daher haben die Kinder ständig ein schlechtes Gewissen. Oder es sind bewertende, richtende, beurteilende Augen. In solche Augen schauen Kinder nicht gern, denn sie wollen nicht ständig bewertet werden. Sie wollen vielmehr in den Augen der Lehrerin den eigenen Wert erkennen. Blandine Merten hatte leuchtende Augen. Da spürten die Kinder das Feuer, das in dieser Frau brannte, und es leuchtete ihnen Liebe entgegen. Es waren klare und helle Augen. Vor ihnen hatten die Kinder keine Angst. Vielmehr waren sie davon fasziniert. Die leuchtenden Augen hellten auch die Augen der Kinder auf. Sie sahen mit neuen Augen auf ihr eigenes Leben.

Die Erziehung durch das Leuchten der Augen, die wir bei Blandine Merten entdecken, erinnert mich stark an unser abendländisches Bildungsideal. Dabei gehen wir davon aus, dass wir von dem, was wir bei einem Menschen außen wahrnehmen, auf das Innere schließen können. Bildung ist also vor allem ein Vorgang, der sich im Menschen selbst abspielt. So versteht etwa der griechische Philosoph Platon (427–347 v. Chr.) darunter, dass der Mensch das göttliche Bild in sich einbildet. Der Mensch wird erst zum Menschen, wenn er das Götterbild in sich widerspiegelt. Das Göttliche erkennt der Mensch nach Platon in der Betrachtung des Kosmos. Er findet seine wahre eigene Ordnung durch die Erkenntnis der Ordnung der Welt. Der römische Politiker und Philosoph Cicero (106–43 v. Chr.) führt diese Erkenntnis Platons fort, wenn er die wahre Bildung des Menschen in der Harmonie seiner Persönlichkeit erkennt. Ziel der Bildung ist es, mit sich selbst in Einklang zu kommen und wahrhaft Mensch zu sein. Die Welt zu erkennen heißt nach Platon also: sich selbst zu erkennen, sein eigenes Wesen entdecken. Das Wissen hat immer mit mir selbst zu tun. Wissen ist für die alten Griechen wesentlich: schauen. Indem ich das Geheimnis der Welt schaue und indem ich in der Welt Gott selbst schaue, schaue ich mein eigenes Wesen. Das griechische Wort für Gott heißt »theós« und kommt von »theastai«, also geschaut werden. Gott ist der, den ich in allem und hinter allem schaue. Ich kann Gott nicht direkt schauen, sondern nur in den vielen Bildern, die Schöpfung und Kunst mir anbieten.

Die Kirchenväter haben das griechische Bildungsideal mit den Worten aus dem Buch Genesis verbunden: »Gott schuf den Menschen als sein Abbild. Zu seinem Gleichnis schuf er sie.« (Gen 1,17) Sie entwickeln daraus eine eigene Theologie. Das Bild Gottes ist dem Menschen nämlich von Geburt an eingestiftet. Aber seine Aufgabe besteht nun darin, Gott immer ähnlicher zu werden. Die Bildung hat das Ziel, das Bild Gottes in mir immer mehr ein-zu-bilden, so dass ich ihm immer ähnlicher werde. Der Weg des Einbildens ist die Kontemplation. In der mystischen Kontemplation nun schaue ich Gott, so dass ich eins werde mit dem Geschauten. Die Griechen bezeichnen die Höchstform der Gottesbetrachtung als Theologie. Die wahre Theologie schenkt Wissen über Gott selbst, damit er sich immer mehr in den Menschen einprägt und so das ursprüngliche und unverfälschte Bild, das er sich von jedem Einzelnen gemacht hat, immer mehr zum Vorschein bringt.

Aufgabe der Bildung ist also, das Bild Gottes im Menschen immer reiner zu erkennen und auszuformen. Diesen Bildungsbegriff haben die Griechen begründet. Die deutsche Mystik hat ihn weitergeführt. So ist Jesus Christus das wahre

Ebenbild Gottes. Indem wir das Bild Christi in uns ein-bilden, werden wir Gott immer ähnlicher. Die deutsche Mystik hat in diesem Sinn auch das Wort »Ausbilden« verstanden. Ausbildung ist nicht im heutigen Sinn ein äußeres Tun. Vielmehr geht es darum, das Bild Christi, das sich in uns eingebildet hat, auch in unserem Reden und Tun in die Welt hinaus aus-zu-bilden, so dass das Bild auch für die Menschen um uns herum sichtbar wird.

Wenn Blandine die Kinder durch das Leuchten ihrer Augen in Bann hielt, dann heißt das für mich: Das, was sie mit ihren Augen gesehen hat, das bildet sich durch ihre leuchtenden Augen auch in die Kinder ein. Sie kommen in Berührung mit all den heilenden Bildern, die ihre Lehrerin für sich meditiert und in der Meditation immer mehr in sich ein-gebildet hat. Heute sind wir oft geprägt von krankmachenden Bildern, wie sie uns die Mediengesellschaft ständig vor Augen hält. Bildung bedeutet aber: die heilenden Bilder der Bibel, der abendländischen Tradition wahrer Humanität und vom Wesen der Welt in die Herzen der Kinder ein-zu-bilden. Somit kommen sie durch diese Bilder mit dem ursprünglichen und unverfälschten Bild in Berührung, das Gott sich von jedem von ihnen gemacht hat.

Blandine Merten war eine leidenschaftliche Lehrerin. Sie war offensichtlich zur Lehrerin geboren. Allerdings hatten einige Mitschülerinnen im Seminar eher den Eindruck, sie würde sich nicht für diesen Beruf eignen, da sie so still war. Es geht jedoch nicht darum, dass wir schon alles in uns haben, was einen Lehrer auszeichnet. Es kommt vor allem darauf an, dass wir innerlich diese Aufgabe bejahen und dass wir davon fasziniert sind, in den Kindern heilende und befreiende, aufrichtende und ermutigende Bilder ein-zu-bilden und die Kinder zu befähigen, das ureigene Bild in sich zu entdecken und zu leben. Die Kinder wollten für sich offensichtlich die Bilder aus Blandine Merten herausholen, die in ihr steckten. So konnten sie an dem teilhaben, was ihre Lehrerin in sich hatte und woraus sie lebte.

Heute klagen viele Lehrer, dass sie ausgebrannt oder erschöpft sind. Aus einem ausgebrannten Lehrer können die Schüler jedoch nichts mehr herausholen. Da verschließen sich die Kinder eher, weil sie sich nicht an der Kälte und Leere des Lehrers erkälten möchten. Blandine ermutigt die Lehrer, das eigene Feuer in sich zu hüten und den inneren Reichtum in sich zu bewahren, damit die Kinder sich an diesem Feuer wärmen und an dem inneren Reichtum erfreuen und teilhaben. So muss der Lehrer immer wieder für sich selbst sorgen. Er braucht den Rückzug, damit er sich über die Bilder Rechenschaft ablegt, die ihn prägen. Wenn es dunkle und krankmachende Bilder sind, dann werden seine Augen nicht leuchten, sondern durch ihre innere Zerrissenheit oder Dunkelheit die Kinder eher irritieren. So gilt das Wort Jesu vom klaren und einfachen Auge vor allem auch für die Lehrer: »Dein Auge gibt dem Körper Licht. Wenn dein Auge gesund ist, dann wird auch dein ganzer Körper hell sein. Wenn es aber krank ist, dann wird dein Körper finster sein. Achte also darauf, dass in dir statt Licht nicht Finsternis ist.« (Lk 11,34f) Lehrersein ist nicht nur eine Frage der Pädagogik, sondern auch eine spirituelle Aufgabe. Um Schülerinnen und Schüler gut zu unterrichten und sie mit ihrem ursprünglichen und unverfälschten Bild in Berührung zu bringen, muss ich mich immer wieder befreien von den Trübungen, die das Bild Gottes in mir verdunkeln. Es braucht immer wieder die Stille, damit sich meine Gefühle klären. Nur dann kann vom Lehrer Klarheit ausgehen.

Die Schülerinnen von Blandine berichten immer wieder, dass sich ihre Lehrerin durch diese Klarheit auszeichnete. Eine Schülerin schreibt: »Nie vergesse ich den gütigen Glanz in den Gesichtszügen; sie hatte etwas so Reines und Freudiges.«[74] Damit eine Lehrerin eine solche Ausstrahlung hat, braucht es sicher die Veranlagung. Aber es bedarf auch der spirituellen Arbeit an sich selbst. Ich kann nur etwas Klares ausstrahlen, wenn ich meine eigenen Gefühle immer wieder kläre, wenn ich mich mit ihnen im Gebet Gott aussetze, damit sein Licht das Dunkle und Trübe in mir erhellt und klärt. Blandine gab einer Mitschwester einen Rat, den sie offensichtlich auch selbst befolgt hat: »Wenn Sie eine selbstlose Lehrerin werden wollen, beten Sie viel vor dem Tabernakel.«[75] In ihrem Gebet vor dem Tabernakel hat Blandine ihre Seele gereinigt von all den Verschmutzungen, die wir in unserer Arbeit für andere immer wieder mitbekommen. Weil sie sich vor dem Tabernakel in das Bild Jesu hineinmeditiert hat und sich das Bild Jesu in sie ein-gebildet hat, konnte sie diese Güte und Klarheit, die Liebe und Freude ausstrahlen.

Und noch ein Eindruck kehrt immer wieder: Die Schülerinnen liebten ihre Lehrerin und wussten sich von ihr geliebt. Ein Lehrer muss seine Schüler lieben. Das Wort »lieben« hat die gleiche althochdeutsche Wurzel »liob« (lieb, teuer, gut) wie »glauben« und »loben«. Um die Schüler zu lieben, muss ich erst an sie glauben. Ich muss an den guten Kern in ihnen glauben. Der heilige Benedikt meint, wir sollten an Christus in jedem Menschen glauben. Ich darf den Schüler daher nicht auf ein bestimmtes Verhalten festlegen, das ja oft genug durch seine Herkunft und durch seine gruppendynamische Funktion in der Klasse geprägt ist. Ich soll keine »rosarote Brille« aufhaben, sondern klar sehen, was im Schüler ist und wie er sich verhält, wo er sich hinter der Gruppe versteckt und auf Kosten des Lehrers sein Selbstwertgefühl zu steigern versucht. Glauben heißt, dass ich durch diese Fassade hindurchsehe und die Sehnsucht nach dem Guten erkenne. Kein Schüler ist aus Lust schwierig. Es gibt immer einen Grund, wenn ein Schüler sich negativ verhält. Im Glauben sehe ich sein Verhalten und hinter seinem Verhalten die Sehnsucht, angenommen und geliebt zu werden. Wenn ich an das Gute in ihm glaube, werde ich das Gute auch in ihm wecken. Lieben kann ich nur den, an den ich glaube. Glauben heißt also, das Gute sehen. Liebe bedeutet daher, den anderen gut und wohlwollend behandeln, das Gute in ihm hervorlocken.

Wenn wir also nach dem Wesen christlicher Pädagogik fragen, wie sie vor allem die vielen Ordensschulen zu verwirklichen suchen, dann sind es die *drei christlichen Tugenden*, die die Grundlager christlicher Erziehung bilden: Glaube, Hoffnung und Liebe. Der *Glaube* sieht das Gute in den Menschen. Indem ich an das Gute glaube, wecke ich es im anderen. Weil ich an ihn glaube, vermag er auch an sich selbst zu glauben. Er wird sich deshalb nicht abschreiben, sondern er erfährt sich als einmalig und gut. *Hoffnung* ist – so sagt der christliche Philosoph Gabriel Marcel (1889–1973) – immer Hoffen für dich und Hoffen auf dich. Ich kann nur Lehrer sein, wenn ich Hoffnung in mir habe. Ich hoffe, dass das Gute, das in den Kindern steckt, sich entfaltet, und kann daher warten. Oft scheint unser pädagogisches Bemühen umsonst zu sein. Wir sehen nicht, dass sich in den Schülern etwas ändert. Da braucht es die Hoffnung, die voller Geduld wartet, bis der Same, den wir ausstreuen, in den Kindern Frucht bringt. So kann das Kind immer mehr hineinwachsen in die einmalige Gestalt, die Gott ihm zugedacht hat. Die Hoffnung ergänzt also den Glauben. Sie ist auf die Zukunft gerichtet. So kann Paulus schreiben: »Hoffnung aber, die man schon erfüllt sieht, ist keine Hoffnung. Wie kann man auf etwas hoffen, das man sieht? Hoffen wir aber auf das, was wir nicht sehen, dann harren wir aus in Geduld.« (Röm 8,24f) Die *Liebe* behandelt die Schüler gut und macht sie dadurch gut. Schon die frühen Mönche sind überzeugt: »Ein böses Wort macht auch die Guten böse. Ein gutes Wort macht auch die Bösen gut.« Die Liebe zeigt sich ganz besonders in den Worten. Der Lehrer arbeitet ja vor allem mit der Sprache. »Die Sprache verrät dich ja«, sagt die Magd zu Petrus. (Vgl. Mt 26,73) Die Sprache verrät also den Lehrer und deckt auf, wie er die Schüler sieht. Manchmal steckt in unserer Sprache unbewusst Menschenverachtung. Daher ist es wichtig, das eigene Sprechen immer wieder zu überprüfen. Kommt in meinen Worten Liebe oder Ablehnung, Verachtung und Geringschätzung zum Ausdruck? Eine sehr kalte Sprache wird beispielsweise oft in Behörden gesprochen. Sie führt dazu, dass sich die Menschen verschließen. So wollen Schüler sich nicht an der Kälte des Lehrers erkälten. Eine wärmende Sprache ist nicht nur Sache der Wortwahl. Vielmehr muss unser Sprechen aus einer inneren Glut kommen. Besonders schön kann man dies an der biblischen Erzählung von Pfingsten erkennen: der Heilige Geist kommt in Feuerzungen auf die Jünger herab. Geschildert wird dabei ein Sprachereignis. Das ist ein schönes Bild für unser Sprechen. Wenn wir mit der Glut des Heiligen Geistes in uns in Berührung sind, dann werden wir eine wärmende Sprache sprechen. Die wärmende Sprache schafft Geborgenheit, sie öffnet die Herzen, sie führt zusammen. Wenn Lehrer ausgebrannt sind, dann werden auch die Worte, die sie sagen, hohl und leer klingen. Die Liebe kommt außerdem nicht nur durch die Sprache zum Ausdruck, sondern durch unsere Mimik. Bei Blandine waren es wiederum die Augen, in denen die Schüler

Güte und Liebe entdeckten. Der ganze Mensch muss von Liebe durchdrungen sein, damit von ihm Liebe ausgeht. Dieses Durchdrungenwerden von der Liebe ist aber eine spirituelle Aufgabe. Wir müssen täglich mit der inneren Quelle der Liebe in Berührung kommen, damit von uns Liebe auf die Schüler ausstrahlt und in ihnen das Leben weckt. Wir brauchen daher immer wieder die Stille und die Meditation, um in uns das innere Feuer zu hüten. Nur so werden wir fähig, eine wärmende Sprache zu sprechen, eine Sprache, die das Leben in den Kindern hervorlockt.

4. *Die Fürsprecherin: Engel füreinander sein*

Es war nicht der Orden der Ursulinen, der sich darum bemühte, dass Blandine Merten seliggesprochen werden konnte. Vielmehr haben die einfachen Leute durch ihre Verehrung, die sie der Ordensfrau entgegenbrachten, den Trierer Bischof Matthias Wehr dazu bewogen, im Jahre 1954 das Seligsprechungsverfahren einzuleiten. Es fand dann am 1. November 1987 seinen Abschluss. An diesem Tag sprach Papst Johannes Paul II. Blandine Merten in einem bewegenden Gottesdienst in St. Peter in Rom selig. In seiner Ansprache hat der Papst das Wesen von Blandine Merten sehr einfühlsam zum Ausdruck gebracht: »›Der liebende Gott braucht nicht hohe außergewöhnliche Werke; er will nur Liebe.‹ Dieser Ausspruch von Schwester Blandine bietet uns den Schlüssel zum Geheimnis ihres heiligmäßigen Lebens. Was immer ihr als Schülerin, Lehrerin oder als Ordensfrau aufgetragen wurde, verrichtete sie mit ganzer Hingabe und Gewissenhaftigkeit. Tiefster Beweggrund dafür war ihre Liebe zu Gott und zu den Menschen. Ihre Frömmigkeit und Bescheidenheit, ihre Sanftmut und ihre Reinheit ließen sie ihren Mitmenschen von früher Kindheit an als Engel erscheinen.«[76] Und er schließt seine Ansprache mit den Worten: »Schwester Blandine hat in ihrem Leben nichts Außergewöhnliches getan; aber ihre alltäglichen Aufgaben und Pflichten hat sie auf außergewöhnliche Weise erfüllt. Nach ihrem Tod sind ihr heiligmäßiges Leben und Wirken immer heller aufgeleuchtet, so dass die Kirche sie heute den Menschen als Selige feierlich zur Nachahmung vor Augen stellen kann: den Lehrerinnen und Lehrern, den Erziehern, den Ordensfrauen sowie allen Gläubigen, die in täglicher treuer Pflichterfüllung und tätiger Nächstenliebe still und verborgen Christus nachfolgen und so zur christlichen Vollkommenheit streben.«[77]

Wie kommt es, dass so viele einfache Menschen nach dem Tod von Blandine sie um Fürsprache in ihren alltäglichen Anliegen gebeten haben? Die Verehrung war schließlich nicht gesteuert. Die Menschen haben sich in ihren persönlichen Nöten und Anliegen an sie gewandt. Und oft haben sie dabei Hilfe erfahren. So wuchs das Vertrauen in die Fürsprache der Seligen immer mehr. Bischof Nikolaus Bares, als Regens des Trierer Priesterseminars der Beichtvater von Blandine, schreibt 1931 in einem Brief: »Von Halle (Hildesheim) bis zum Kap der Guten Hoffnung wird ihr Name genannt und ihre Hilfe angerufen! Wir wollen sehen, wie die Sache weiterläuft. Ich kann mir nicht anders denken, als dass die gute, hilfsbereite Schwester von ehedem noch hilfsbereiter jetzt sein wird.«[78] Und er schreibt von sich selbst, dass er sie täglich um Hilfe in seinen vielfachen Nöten und in seiner Sorge um Priester, die in eine Krise geraten sind, anruft: »Ich habe großes Vertrauen zu ihr und sage ihr meine Nöte, wie sie mir die ihrigen früher gesagt hat. Es ist ja sonderbar, wie dieses tief verborgene Leben nun auf einmal ans

Licht gezogen wird, und wie die Verstorbene jetzt so unauffällig und still lächelnd Gutes tut, wie sie es ehedem auf Erden unbemerkt getan hat.«[79]

Eine ehemalige Mitschülerin schrieb: »Sobald sie die Augen im Tod geschlossen hatte, beteten wir, ihre Mitschülerinnen – zu ihr.«[80] Diese Frau war nur in ihrer Kindheit mit Maria Merten zusammen. Dennoch hatte dieses Kind in ihr einen solchen Eindruck gemacht, dass sie nach ihrem Tod zu Blandine betete, sie möge ihr in ihren Sorgen beistehen. Ein späterer Schulleiter schrieb: »Ende Mai 1918 schrieb mir meine Mutter ins Feld: ›Maria Merten, Schwester Blandine, ist am 18. Mai im Kloster zu Trier gestorben. Ruf sie um ihre Fürbitte an; sie wird Dich sicherlich erhören und Dich beschützen.‹ Ich habe mich ihr anvertraut und schreibe es ihrer Fürbitte zu, dass ich gesund aus dem mörderischen Kampf in die Heimat zurückkehrte. Im zweiten Weltkrieg zogen meine vier Söhne ins Feld. Ich habe sie und meine ganze Familie dem Schutz von Schwester Blandine empfohlen. Meine vier Söhne kehrten nach kurzer Gefangenschaft zurück. Noch heute rufe ich Schwester Blandine in besonderen Anliegen um ihre Fürbitte an, und noch nie war meine Bitte vergebens.«[81]

Die Menschen spürten in dieser einfachen Schwester, die nur 35 Jahre alt wurde und nichts Großartiges geleistet hatte, etwas, das über sie hinausweist: ihre Liebe zu Gott. Sie hatten sie selbst immer als hilfsbereite Schwester und Lehrerin erlebt. Blandine sorgte ja schon als Lehrerin in dem entlegenen Dorf Morscheid im Hunsrück für die armen Kinder: sie kochte heimlich für sie und steckte ihnen vieles zu, damit sie sich ihrer Armut nicht schämen mussten. Sie hatte ein besonderes Gespür für die armen, verwahrlosten Kinder und für die einfachen Menschen. Dieses Gespür hat nach ihrem Tod zahlreiche Menschen bewogen, zu ihrem Grab zu kommen und sie um Fürsprache zu bitten in ihren alltäglichen Nöten. Und auch heute kommen immer wieder Menschen an ihr Grab. Oder sie schreiben den Schwestern von ihren Nöten und bitten sie um ihr Gebet. Es ist ein richtiger Ort der Seelsorge entstanden. In der Grabkapelle der seligen Blandine Merten und im nahen Blandine-Merten-Haus sind ständig zwei Schwestern bereit, um sich die vielen Anliegen und Nöte anzuhören, die die vielen Besucher ihnen anvertrauen. In Trier und auf dem Calvarienberg in Ahrweiler geht ihre Sorge für die armen und einfachen Menschen weiter. Da kommen Menschen, die ihre Arbeit verloren haben, die Angst haben um ihre Kinder, weil sie sich so anders entwickelt haben, die an ihren Familienstreitigkeiten leiden oder Angst haben, ihre Partnerschaft würde zerbrechen. Dort, wo sie die Nähe der gütigen und hilfsbereiten Schwester Blandine spüren, fühlen sie sich mit ihren Ängsten und Sorgen verstanden. Dort haben sie Vertrauen, in ihrer Nähe das, was sie im Innersten bewegt, vor Gott auszusprechen.

Die Theologie sagt: »vox populi – vox dei«. Die Stimme des Volkes ist die Stimme Gottes. Das gilt offensichtlich auch bei der Verehrung der seligen

Blandine Merten. Das Volk spürte, dass sich in der Lauterkeit dieser einfachen Schwester der Geist Christi widerspiegelte. Schließlich hatte sie sich nie selbst in den Mittelpunkt gestellt. Wenn die Menschen heute zum Gebet an ihr Grab kommen, dann deshalb, weil Blandine bei ihnen neues Vertrauen in Gottes Hilfe geweckt hat. Wenn diese Frau so klar und eindeutig nur für Gott und in Jesus Christus gelebt hat, dann vermag ihre Nähe auch uns für Gott aufzubrechen. Dann wächst auch in uns das Vertrauen, dass wir in Gottes guter Hand sind. Und wenn diese Schwester ein so tiefes Gespür für die Nöte gerade der einfachen Menschen hatte, dann fühlen sich die Beter von ihr besonders verstanden. So finden sie den Weg zu Gott, den Blandine so geliebt hat.

Manche haben vielleicht Probleme, einen Menschen um Fürsprache zu bitten. Es sei doch Gott, der helfe und uns in unseren Nöten entgegenkomme. Sicher ist es letztlich immer Gott, von dem die Hilfe und Heilung, von dem die Wendung unserer Not und die Befreiung aus unserer Angst kommen. Aber wir fühlen uns in unserer Beziehung zu Gott auch getragen von Menschen. Wir sagen auch zu einem Freund: »Bete für mich. Ich habe morgen ein schwieriges Gespräch. Morgen geht es um eine wichtige Entscheidung.« Und wir fühlen uns vom Gebet des Freundes getragen. Oder Kinder fühlen sich geschützt, weil sie wissen: ihre Mutter betet für sie. So können wir uns auch an die Verstorbenen wenden, die wir kannten. Sie sind jetzt bei Gott und mögen uns von Gott her mit ihrem Gebet weiterhin unterstützen. Von daher wird verständlich, dass wir uns auch an die Seligen und Heiligen wenden können. In ihrem Leben haben wir etwas entdeckt, was uns Vertrauen schenkt. Blandine Merten hat mit ihrem gütigen und lauteren Wesen, mit ihrer großen Liebe, die aus ihren Augen leuchtete, den Menschen Vertrauen in Gottes Güte und Liebe vermittelt. Zuerst waren es die Menschen, die Blandine gekannt hatten, ihre ehemaligen Schülerinnen und deren Eltern, die nach ihrem Tod zu ihrem Grab kamen und um ihre Hilfe baten. Dann wuchs die Zahl immer mehr. Heute kommen Leute aus Holland, Österreich und ganz Deutschland nach Trier in die Kirche St. Bantus oder auf den Calvarienberg in Ahrweiler. Ihr Bild, ihre Lebensbeschreibung, alles, was sie von ihr gehört haben, hat ihnen Vertrauen geschenkt. Dort, wo die Schwester lebte und liebte, ist für sie ein guter Ort, zu beten und wieder neue Hoffnung zu schöpfen.

Eine Person kann nur dann seliggesprochen werden, wenn auch ein Wunder von ihr bekannt ist. So wird etwa die österreichische Missionsschwester Irimberta Puntigam von einem lebensgefährdenden Hautkrebs auf die Fürsprache von Blandine geheilt[82]. Dieses Wunder wurde von den zuständigen römischen Stellen untersucht und bestätigt. Zahlreiche andere unbestätigte Zeichen und Wunder sind seit Blandines Tod geschehen. Viele Menschen erfahren Hilfe und Heilung, wenn sie sich an die Ordensfrau im Gebet wenden. Entscheidend ist allerdings nicht, ob eine Krankheit durch ihre Fürbitte geheilt wird oder ob ein Unglück abgewendet wird. Vielmehr geht es darum, dass Menschen im Blick auf die selige Blandine das Wunder des Glaubens in sich erfahren. Mitten in ihrer Angst wächst in ihnen Vertrauen. In ihrer Dunkelheit leuchtet ein Licht auf. In ihrer Not wissen sie sich getragen von Gottes Güte. Solche Wunder des Glaubens geschehen täglich am Grab der Seligen, aber auch in vielen Ländern der Erde, wo Menschen sich vertrauensvoll im Gebet an sie wenden.

Jeder Mensch gräbt mit seinem Leben eine Spur in diese Welt ein, die für ihn einmalig ist. Auch Blandine hat sich trotz ihres kurzen Lebens dauerhaft in die Herzen von so vielen Gläubigen eingeprägt. Schon vor ihrem Eintritt in den Orden als junge Lehrerin hat sie mit ihrer Liebe und Fürsorge gerade für arme und verwahrloste Kinder die Menschen beeindruckt. Dieser Weg geht über ihren Tod hinaus weiter. Es ist eine bleibende Spur, die diese Welt ein Stück veränderte. Überall, wo Menschen mit Blandine in Berührung kommen, werden sie davon ermutigt, sie um Hilfe in ihren Anliegen zu bitten und im Vertrauen auf ihre Liebe sich in Gottes Liebe hinein zu ergeben und sich von Gottes Liebe umfangen zu wissen. So wirkt Blandine Merten, die in ihrem Leben nicht viel von der Welt gesehen und nur einen begrenzten Aktionsradius hatte, auch heute noch weiter. Sie hinterlässt weiterhin eine Spur der Güte und Liebe, der Klarheit und der Einfachheit. Diese Ausstrahlung zieht gerade die einfachen Menschen an, die an ganz konkreten Nöten in ihrer Familie, an ihrem Arbeitsplatz und in ihrem Umfeld leiden. Sie fühlen sich von Blandine verstanden. Sie nimmt ihnen ihre Scham, die gerade arme und einfache Menschen oft davon abhält, zu einem Priester oder einem Therapeuten zu gehen, um sich helfen zu lassen. In der Nähe dieser einfachen und klaren Schwester bekommen sie Mut, über sich zu sprechen, über ihre Ängste, über ihre Depressionen, über ihre Ohnmacht und Hilflosigkeit ihrem Leben gegenüber, über ihre Sorgen wegen ihrer Kinder.

Wenn ich in Vorträgen von der einmaligen Lebensspur spreche, die jeder von uns in diese Welt eingräbt, höre ich oft Bedenken: »Ich kann doch nichts vorweisen. Ich habe keine Bücher geschrieben, keine Projekte gegründet. Von mir geht doch nichts aus.« Blandine kann solchen Menschen Mut machen: Es kommt nicht darauf an, wie viel ich leiste und ob das, was ich tue, anderen auffällt. Es ist vielmehr wichtig, dass ich meinem ganzen Tun etwas ausstrahle von der Liebe und Güte Gottes. In jedem menschlichen Antlitz leuchtet uns das gütige Licht Gottes auf andere Weise auf. Jeder von uns steht morgens auf, er begegnet anderen Menschen. Er spricht mit ihnen. Er schaut sie an. Er macht sich seine Gedanken. Von all dem geht eine Spur in diese Welt aus. Selbst wenn wir ans Krankenbett gefesselt sind, können wir etwas für den Frieden in unserer Welt bewirken. Wenn wir uns aussöhnen mit dem, was uns gerade trifft, dann hinterlassen wir eine angenehme und lebensspendende Spur in diese Welt, dann öffnet sich dort, wo wir sind, der Himmel über uns und über die Menschen unserer Umgebung. Dann erfahren wir also, was Blandine mit ihrem Motto sagen wollte: »Alles ist mir Himmel.« Wenn wir jedoch den Raum, in dem wir sind, mit negativen Gedanken und Gefühlen ausfüllen, wirkt sich das auch verdunkelnd auf unsere Umgebung aus. Blandine Merten lädt uns ein, das, was wir tun und denken, bewusst zu tun und in allem frei zu werden von dem Kreisen um das eigene Ich und durchlässig zu werden für den Geist Jesu Christi. Dann dürfen wir vertrauen, dass auch wir eine Spur in diese Welt eingraben, die diese Welt menschlicher und liebevoller macht.

Ein Bild, das den Menschen immer wieder in den Sinn kommt, wenn sie von dem Kind Maria Merten, von der jungen Lehrerin oder der Ordensschwester sprechen, ist das Bild des Engels. Maria war schon als Kind, aber auch als Erwachsene wie ein Engel für die anderen. Sie hat Licht in das Leben der Menschen gebracht. Sie öffnet nicht nur den Himmel über uns, sondern packt auch zu und hilft. So sagen wir oft von einem Menschen, der uns im rechten Augenblick zur Seite steht: »Du bist ein Engel.« Er bringt Licht in unser Leben und vermittelt uns Leichtigkeit. Die Kunst hat daher schon immer Engel mit Flügeln dargestellt. Auch von Blandine ging offensichtlich diese Leichtigkeit aus. Wie ein Engel kann sie unsere Seele beflügeln. In der Begegnung mit der Ordensschwester haben viele erfahren, dass ihrer Seele Flügel wuchsen, dass sie sich über manches Harte ihres Lebens erhoben und das Leben auf einmal leichter und heller wurde.

Die Künstler stellen die Engel häufig mit Musikinstrumenten dar. Oder sie lassen sie zur Ehre Gottes singen. Blandine Merten hatte als junge Lehrerin eine schöne, klangvolle Stimme wie ein Engel. Daher erinnern sich ihre Schüler gerne an den Gesangsunterricht mit ihr. In einem Brief an ihre Schwester Blanda, der ihr erst nach ihrem Tod übergeben werden sollte, sieht sie sich selbst als eine Harfe:

»Jetzt ist die Zeit gekommen, da Sie Ihre Schwester in ihrem Leben und Leiden mit einer Harfe vergleichen können, als deren Saiten ihre Ohnmacht, Armseligkeit, Schwächen und ihre Schmerzen zu denken sind. Blandines Wille ist der Finger, der die Saiten beständig erklingen lässt zum Lobe der ewigen Liebe. Nehmen Sie die Harfe, und bringen Sie diese unter das Kreuz, wo die hehre Davidsharfe blutend und schmerzlich gespannt ihr Schwanenlied singt, so schön und so mächtig, dass dadurch Himmel und Erde in Bewegung gesetzt werden. Bitten Sie dann den göttlichen Dulder, Er möge mein schwaches kleines Lied aufnehmen und mit dem seinigen verbinden, verschmelzen und zu einem gestalten zur Ehre des Vaters und für die Interessen seines Herzens.«[83]

Blandine hatte zu Lebzeiten selbst häufig musiziert. Sie spielte gerne und gut auf der Geige. Ein besonders schönes Bild ist in diesem Zusammenhang auch Blandine, wie sie auf der Harfe ihres Lebens spielt. Im Tod hat sie dieses Musikinstrument verschenkt, damit nun Gott selbst oder ein Engel darauf spielen möge. Zu ihren Lebzeiten war ihr Wille der Finger, der die Saiten zum Klingen brachte. Jetzt aber erklingt die Harfe vom Himmel her, denn sie ist hineingenommen in die wohlklingende Musik Gottes. Jetzt spielt letztlich ein anderer auf diesem Instrument. Ein Engel greift nun in die Saiten der Harfe, um unsere Herzen zu berühren. So werden wir aufgebrochen für Gott und den Himmel. Wenn wir auf Blandine und ihr Leben schauen, hören wir ihr Lied, das beständig weitergesungen wird »zum Lobe der ewigen Liebe«. Möge dieses Lied, das in ihrem Leben schon für die vielen Mitmenschen erklungen ist, immer deutlicher in dieser Welt ertönen. So können – wie Blandine selbst schreibt – durch ihr Lied »Himmel und Erde in Bewegung gesetzt werden«. Der Himmel öffnet sich über uns und wir erkennen das große Ziel unseres Lebens: die ewige Herrlichkeit Gottes. Dort sollen auch wir einmal einstimmen in den ewigen Lobgesang der Engel.

Anmerkungen

1 M. Hermenegildis Visarius (Hrsg.), Dienerin Gottes. Schwester Blandine Merten. Ursuline vom Calvarienberg. Nach persönlichen Erinnerungen, Briefen und privaten Zeugenaussagen, o. O., 8. Auflage 1972, S. 18.
2 M. H. Visarius, Dienerin Gottes, S. 18.
3 M. H. Visarius, Dienerin Gottes, S. 19.
4 M. H. Visarius, Dienerin Gottes, S. 21.
5 Gabriel Busch, Blandine Merten. Unsere Lehrerin, Ahrweiler 1970, S. 18.
6 M. H. Visarius, Die Liebe bleibt, S. 24.
7 G. Busch, Blandine Merten, S. 21.
8 G. Busch, Blandine Merten, S. 27.
9 G. Busch, Blandine Merten, S. 23.
10 G. Busch, Blandine Merten, S. 21.
11 G. Busch, Blandine Merten, S. 22.
12 Ebd.
13 G. Busch, Blandine Merten, S. 25.
14 G. Busch, Blandine Merten, S. 31.
15 Weisungen der heiligen Mutter Angela an die Gesellschaft Ursula, o.O., o.J., herausgegeben vom Verband der selbständigen deutschen Ursulinenklöster, S. 20.
16 Weisungen der heiligen Mutter Angela, S. 32f.
17 M. H. Visarius, Dienerin Gottes, S. 42.
18 G. Busch, Blandine Merten, S. 75.
19 Ebd.
20 G. Busch, Blandine Merten, S. 39.
21 G. Busch, Blandine Merten, S. 40.
22 Weisungen der heiligen Mutter Angela, S. 43.
23 G. Busch, Blandine Merten, S. 40.
24 G. Busch, Blandine Merten, S. 41.
25 M. H. Visarius, Die Liebe bleibt, S. 54f.
26 M. H. Visarius, Die Liebe bleibt, S. 58.

[27] G. Busch, Blandine Merten, S. 41.
[28] G. Busch, Blandine Merten, S. 45.
[29] Ebd.
[30] Ebd.
[31] M. H. Visarius, Die Liebe bleibt, S. 63.
[32] M. H. Visarius, Dienerin Gottes, S. 66.
[33] G. Busch, Blandine Merten, S. 47.
[34] G. Busch, Blandine Merten, S. 48.
[35] M. H. Visarius, Die Liebe bleibt, S. 68.
[36] M. H. Visarius, Dienerin Gottes, S. 78.
[37] G. Busch, Blandine Merten, S. 213.
[38] M. H. Visarius, Die Liebe bleibt, S. 91.
[39] G. Busch, Blandine Merten, S. 327.
[40] M. H. Visarius, Die Liebe bleibt, S. 82f.
[41] M. H. Visarius, Dienerin Gottes, S. 97.
[42] M. H. Visarius, Dienerin Gottes, S. 98.
[43] M. H. Visarius, Dienerin Gottes, S. 100.
[44] G. Busch, Blandine Merten, S. 319f.
[45] G. Busch, Blandine Merten, S. 320.
[46] G. Busch, Blandine Merten, S. 316.
[47] Folgt dem Geist. Angela Merici und die Ursulinen, Strasbourg 1985, herausgegeben von der Föderation deutschsprachiger Ursulinen, S. 20.
[48] Im Herzen der Kirche ist unsere Wohnung. Selige Schwester Blandine Merten. Ansprachen und Predigten zur Seligsprechung, Siegburg, 5. Auflage 1997, S. 11.
[49] G. Busch, Blandine Merten, S. 76.
[50] Ebd.
[51] G. Busch, Blandine Merten, S. 317.
[52] Ebd.
[53] G. Busch, Blandine Merten, S. 142f.
[54] G. Busch, Blandine Merten, S. 316f.
[55] G. Busch, Blandine Merten, S. 142.
[56] G. Busch, Blandine Merten, S. 319.

57 G. Busch, Blandine Merten, S. 322f.
58 G. Busch, Blandine Merten, S. 157.
59 G. Busch, Blandine Merten, S. 318.
60 M. H. Visarius, Die Liebe bleibt, S. 61.
61 G. Busch, Blandine Merten, S. 324.
62 G. Busch, Blandine Merten, S. 315.
63 G. Busch, Blandine Merten, S. 149.
64 M. H. Visarius, Dienerin Gottes, S. 108.
65 G. Busch, Blandine Merten, S. 150.
66 G. Busch, Blandine Merten, S. 79.
67 Weisungen der heiligen Mutter Angela, S. 32.
68 Weisungen der heiligen Mutter Angela, S. 54.
69 Weisungen der heiligen Mutter Angela, S. 36.
70 Weisungen der heiligen Mutter Angela, S. 46f.
71 G. Busch, Blandine Merten, S. 42.
72 G. Busch, Blandine Merten, S. 21.
73 Ebd.
74 G. Busch, Blandine Merten, S. 42.
75 G. Busch, Blandine Merten, S. 354.
76 Im Herzen der Kirche ist unsere Wohnung, S. 23.
77 Im Herzen der Kirche ist unsere Wohnung, S. 24.
78 G. Busch, Blandine Merten, S. 52.
79 G. Busch, Blandine Merten, S. 53.
80 G. Busch, Blandine Merten, S. 17.
81 G. Busch, Blandine Merten, S. 16.
82 M. H. Visarius, Die Liebe bleibt, S. 99f.
83 G. Busch, Blandine Merten, S. 215.

Die Lebenskunst der Klöster

Münsterschwarzacher Kleinschriften

1	Anselm Grün, **Gebet und Selbsterkenntnis**	1979/2002
3	F. Ruppert/A. Grün, **Christus im Bruder**	1979/2004
6	Anselm Grün, **Der Umgang mit dem Bösen**	1980/2001
7	Anselm Grün, **Benedikt von Nursia**	1979/2004
11	Anselm Grün, **Der Anspruch des Schweigens**	1980/2003
13	A. Grün, **Lebensmitte als geistliche Aufgabe**	1980/2001
17	F. Ruppert/A. Grün, **Bete und Arbeite**	1982/2003
18	Jean Lafrance, **Der Schrei des Gebetes**	1983
19	Anselm Grün, **Einreden**	1983/2001
22	Anselm Grün, **Auf dem Wege**	1983/2002
23	Anselm Grün, **Fasten**	1984/2001
25	Guido Kreppold, **Die Bibel als Heilungsbuch**	1985/2004
26	M. Dufner/A. Louf, **Geistl. Begleitung i. Alltag**	1985/2006
28	M. W. Schmidt, **Christus finden i. d. Menschen**	1985
29	Grün/Reepen, **Heilendes Kirchenjahr**	1985/2001
31	Basilius Doppelfeld, **Mission**	1985
32	Anselm Grün, **Glauben als Umdeuten**	1986/2002
36	Anselm Grün, **Einswerden**	1986/2003
37	Brakkenstein Com., **Regel f. e. neuen Bruder**	1986
39	Anselm Grün, **Dimensionen des Glaubens**	1987/2004
41	Johanna Domek, **Gott führt uns hinaus ins Weite**	1987
44	Anselm Grün/Petra Reitz, **Marienfeste**	1987/2001
46	Anselm Grün/Michael Reepen, **Gebetsgebärden**	1988/2002
47	Emmanuela Kohlhaas, **Es singe das Leben**	1988
50	Anselm Grün, **Chorgebet und Kontemplation**	1988/2002
52	A. Grün, **Träume auf dem geistlichen Weg**	1989/2001
57	Grün/Dufner, **Gesundheit als geistliche Aufgabe**	1989/2001
58	Anselm Grün, **Ehelos – des Lebens wegen**	1989/2003
59	Dumitru Staniloae, **Gebet und Heiligkeit**	1990
60	Anselm Grün, **Gebet als Begegnung**	1990/2001
61	Basilius Doppelfeld, **Mission als Austausch**	1990
62	Abeln/Kner, **Kein Weg im Leben ist vergebens**	1990/2003
63	R. Faricy/R. J. Wicks, **Jesus betrachten**	1990
64	Anselm Grün, **Eucharistie und Selbstwerdung**	1990/2002
65	Basilius Doppelfeld, **Ein Gott aller Menschen**	1991

66 Abeln/Kner, **Wie werde ich fertig m. m. Alter?** 1992/2002
67 A. Grün, **Geistl. Begleitung b. d. Wüstenvätern** 1992/2002
68 Anselm Grün, **Tiefenpsych. Schriftauslegung** 1992/2002
71 Anselm Grün, **Bilder von Verwandlung** 1993/2001
73 Wunibald Müller, **Meine Seele weint** 1993/2001
75 Herbert Alphonso, **Die Persönliche Berufung** 1993/2002
76 Anselm Grün/Gerhard Riedl, **Mystik und Eros** 1993/2001
77 Gabriele Ziegler, **Der Weg zur Lebendigkeit** 1993
79 Fidelis Ruppert, **Der Abt als Mensch** 1993
80 Boniface Tiguila, **Afrikanische Weisheit** 1993
81 Anselm Grün, **Biblische Bilder von Erlösung** 1993/2001
82 A. Grün/M. Dufner, **Spiritualität von unten** 1994/2002
84 Mauritius Wilde, **Ich versteh' dich nicht!** 1994/2004
85 R. Abeln/A. Kner, **Das Kreuz mit dem Kreuz** 1994
86 Fidelis Ruppert, **Mein Geliebter, die riesigen Berge** 1995
87 Basilius Doppelfeld, **Zeugnis und Dialog** 1995
90 Fidelis Ruppert, **Intimität mit Gott** 1995/2002
92 Anselm Grün, **Leben aus dem Tod** 1995/2001
93 Anselm Grün, **Treue auf dem Weg** 1995
94 Edgar Friedmann, **Ordensleben** 1995
95 Hermann M. Stenger, **Gestaltete Zeit** 1996
96 Basilius Doppelfeld, **Bleiben** 1996
97 Christian Schütz, **Mit den Sinnen glauben** 1996
98 Karin Johne, **Wortgebet und Schweigegebet** 1996
99 Anselm Grün, **Das Kreuz** 1996/2005
100 A. Grün/A. Seuferling, **Schöpfungsspiritualität** 1996/2002
101 Basilius Doppelfeld, **Lassen** 1996
102 Anselm Grün, **Wege zur Freiheit** 1996/2003
103 G. Kreppold, **Krisen – Wendezeiten im Leben** 1997/2001
104 Irmgard und Peter Abel, **Familienleben** 1997/2002
106 Anselm Grün, **Exerzitien für den Alltag** 1997/2001
107 Karl-Friedrich Wiggermann, **Das geistliche Wort** 1997
108 F. Ruppert/A. Stüfe, **Der Abt als Arzt ...** 1997
109 H. Nouwen, **Unser Heiliges Zentrum finden** 1998/2003
110 Georg Braulik, **Zivilisation der Liebe** 1998
111 Wunibald Müller, **Wenn du ein Herz hast ...** 1998
112 G. Kreppold, **Selbstverwirkl. od. Selbstverleugnung?** 1998
113 Basilius Doppelfeld, **Erinnern** 1998

114 Anselm Grün, **Zerrissenheit** 1998/2001
115 K.-F. Wiggermann, **Spiritualität und Melancholie** 1998
116 Reinhard Körner, **Was ist Inneres Beten?** 1999/2002
117 Christa Carina Kokol, **Wie bist du, Gott?** 1999
118 Gabriele Ziegler, **Sich selbst wahrnehmen ...** 1999
120 Anselm Grün, **Vergib dir selbst** 1999/2001
121 D. Koller, **Trinitarisch glauben, beten, denken** 1999
122 G. Kreppold, **Träume – Hoffnung für das Leben** 1999/2001
124 Basilius Doppelfeld, **Loslassen und neu anfangen** 2000/2002
126 Pierre Stutz, **Licht in dunkelster Nacht** 2000/2001
127 Wunibald Müller, **Dein Herz lebe auf** 2000/2002
128 Anselm Grün, **Entdecke das Heilige in Dir** 2001
129 Guido Kreppold, **Esoterik** 2001
130 Mauritius Wilde, **Der spirituelle Weg** 2001
131 J. Domek, **Das Leben wieder spüren** 2001/2006
132 Alfred Läpple, **Der überraschende Gott** 2002
133 Johanna Domek, **Die Sehnsucht weiß mehr** 2002
134 Klaus-Stefan Krieger, **Gewalt in der Bibel** 2002
135 Hubert Luthe/Máire Hickey, **Selig bist du** 2002
136 Meinrad Dufner, **Schöpferisch sein** 2002
137 B. Ulsamer/M. Hell, **Wie hilft Familien-Stellen?** 2003
138 Lothar Kuld, **Compassion – Raus aus der Ego-Falle** 2003
139 Peter Abel, **Neuanfang in der Lebensmitte** 2003
140 Wunibald Müller, **Dein Weg aus der Angst** 2003
141 Klaus-Stefan Krieger, **Was sagte Jesus wirklich?** 2003
142 A. Grün/R. Robben, **Gescheitert? – Deine Chance!** 2003
143 Meinrad Dufner, **Rollenwechsel** 2004
144 Bertold Ulsamer, **Zum Helfen geboren** 2004
145 A. Grün/W. Müller, **Was macht Menschen krank ...?** 2004
146 Peter Modler, **Lebenskraft Tradition** 2004
147 Gruber/Steins, **Mit Gott fangen die Schwierigkeiten ...** 2005
148 Guido Kreppold, **Die Kraft des Mysteriums** 2005
149 Peter Modler, **Gottes Rosen** 2005
150 Jonathan Düring, **Der Gewalt begegnen** 2005
151 Wunibald Müller, **Allein – aber nicht einsam** 2005
152 B. Ulsamer, **Lebenswunden – Hilf. zur Traumabewältig.** 2006
153 Olav Hanssen, **Dein Wille geschehe** 2006
154 Reinhard Körner, **Dunkle Nacht** 2006